COLEÇÃO
PENSADORES & EDUCAÇÃO

# Norbert Elias & a Educação

Andréa Borges Leão

# Norbert Elias & a Educação

2ª edição

autêntica

Copyright © 2007 Andréa Borges Leão

COORDENAÇÃO DA COLEÇÃO PENSADORES & EDUCAÇÃO
*Alfredo Veiga-Neto*

CONSELHO EDITORIAL
*Alfredo Veiga-Neto* (UFRGS), *Carlos Ernesto Noguera* (Univ. Pedagógica Nacional de Colombia), *Edla Eggert* (UNISINOS), *Jorge Ramos do Ó* (Universidade de Lisboa), *Júlio Groppa Aquino* (USP), *Luís Henrique Sommer* (UNISINOS), *Margareth Rago* (UNICAMP), *Rosa Bueno Fischer* (UFRGS), *Sílvio D. Gallo* (UNICAMP)

PROJETO GRÁFICO DA CAPA
*Jairo Alvarenga Fonseca*

EDITORAÇÃO ELETRÔNICA
*Carolina Rocha*

REVISORA
*Dila Bragança*

---

Leão, Andréa Borges

L437n     Norbert Elias & a Educação / Andréa Borges Leão. — 2. ed. — Belo Horizonte: Autêntica Editora, 2011.

96 p. — (Pensadores & Educação, 11)

ISBN 978-85-7526-280-1

1. Educação. 2. Filosofia. 3. Sociologia I. Elias, Norbert. II. Título. III. Série.

CDU 37

---

GRUPO **AUTÊNTICA**

**Belo Horizonte**
Rua Carlos Turner, 420
Silveira . 31140-520
Belo Horizonte . MG
Tel.: (55 31) 3465-4500

**São Paulo**
Av. Paulista, 2.073, Conjunto Nacional, Horsa I
23º andar . Conj. 2310-2312 .
Cerqueira César . 01311-940 São Paulo . SP
Tel.: (55 11) 3034 4468

www.grupoautentica.com.br

# Sumário

**APRESENTAÇÃO**
O sociólogo e sua obra                                           07

**PRIMEIRA PARTE**                                               17

**Capítulo I**
O processo de civilização                                        19

**Capítulo II**
A corte, uma escola de maneiras                                  33

**Capítulo III**
Etiqueta e dominação                                             45

**SEGUNDA PARTE**                                                51

**Capítulo IV**
A Sociologia de Mozart                                           53

**Capítulo V**
Livro, leitura e civilidade                                      61

**Capítulo VI**
As artes de civilizar-se nos livros infantis                     73

**Capítulo VII** 83
Considerações finais:
a Sociologia figuracional de Norbert Elias

89
**Capítulo VIII**
Sites e livros de interesse 91

**REFERÊNCIAS** 95

**A AUTORA**

# APRESENTAÇÃO: O SOCIÓLOGO E SUA OBRA

> *Pois teorias sociológicas que não se confirmam no trabalho sociológico empírico são inúteis.*
> Norbert Elias.

Para se compreender as relações entre um autor e sua obra, deve-se considerar as mútuas e variadas dependências entre os investimentos pessoais do criador e um sistema maior de relações sociais que tornam possível ou não a consagração de uma obra. Os bons livros costumam marcar gerações de leitores. Mas o tempo que orienta o trabalho da escrita pode não coincidir com os tempos da publicação e do reconhecimento.

O sociólogo alemão Norbert Elias enfrentou largos espaços temporais entre a atividade intelectual e a circulação, e a leitura de seus livros, o que em muito retardou a afirmação de seu "nome de autor", embora a escrita tenha acompanhado a sua vida. Norbert Elias não foi daqueles autores que conhecem as satisfações da transmissão, da leitura viva, que têm o gosto de publicar suas obras "à medida em que são pensadas, e lidas à medida que são publicadas", conforme apontam Garrigou e Lacroix.[1] A história editorial de seus livros em nada correspondeu à envergadura e à originalidade do seu

---

[1] GARRIGOU; LACROIX, 2001.

conteúdo. A obra em dois volumes, considerada a principal de sua carreira, na edição brasileira (Jorge Zahar, 1990 e 1993) intitulada *O processo civilizador, v. I: Uma história dos costumes e v. II: Formação do Estado e civilização*, no alemão, *Über den prozess der zivilisation. Soziogenetische und psychogenetische Untersuchungen*, foi elaborada entre os anos de 1937 a 1939, na Inglaterra, ainda que publicada pela primeira vez na Basileia por Haus zum Falken, em 1939, só conheceria uma edição definitiva em 1969, em Berna, na Alemanha.

A figura do estudioso solitário, do pesquisador meticuloso de fontes eruditas nas bibliotecas francesas e inglesas e o lugar marginal que seu trabalho ocupou no campo da Sociologia europeia durante boa parte do século XX são um desafio à compreensão da força de seu pensamento. Mas o próprio Elias nos oferece uma ferramenta para a decifração desse e de outros enigmas: nada mais absurdo que o sujeito isolado do conhecimento.[2]

Ao fim de uma vida de 93 anos, sua obra acabou tornando-se referência e fonte de inspiração para gerações de cientistas sociais e, só recentemente, tem chamado a atenção dos pedagogos.

Norbert Elias nasceu no dia 22 de junho de 1897, na cidade alemã de Breslau, hoje Wroclaw, situada na Polônia. Viveu, portanto, sua juventude no período de ascensão do nacional-socialismo e testemunhou a chegada de Adolf Hitler ao poder. Como era de confissão judaica, isso significou a contingência da partida. Toda a sua atividade intelectual está configurada na experiência de vida no exílio que, de acordo com Bernard Lacroix,[3] acabou moldando a sua visão da Política e da História. Norbert Elias elaborou uma teoria sobre os processos de civilização; estudou os costumes das sociedades em oito séculos de história; buscou a compreensão da transformação dos comportamentos e das necessidades do controle e da proibição para o equilíbrio

---

[2] ELIAS, 1998.
[3] LACROIX, 2001.

das forças que impulsionam os sistemas de relações sociais; superou a falsa dicotomia entre indivíduo e sociedade, ao comprovar os estreitos vínculos entre o processo civilizador individual, nos termos de um amadurecimento psicológico, e o processo civilizador social, nos termos de um alto nível de diferenciação e especialização das funções. Mas toda essa dinâmica construída sociologicamente por Elias não é mais uma apologia ao progresso material. Muito menos explica os acontecimentos em termos de evolução linear do tempo, embora esse seja um ponto controverso entre os intérpretes de seu pensamento. O processo de civilização é composto pelos fluxos e refluxos da história, que orienta a passos lentos tanto a formação das estruturas individuais quanto as ações sociais e sobretudo articula-se com a formação dos Estados nacionais. O rumo do processo tende a uma maior diferenciação dos laços que ligam os indivíduos uns aos outros. Daí ser um vetor de contenção da violência.

Norbert Elias foi um sociólogo que construiu seu objeto de estudo nos arquivos e nas bibliotecas. Debruçado sobre pilhas de textos, elaborou um corpus documental com os tratados de etiqueta renascentistas, os manuais de civilidade que encantavam as cortes europeias e levavam as pessoas a observar umas às outras, por isso os livros medievais e cristãos, entre outras fontes de muita erudição, causaram adesões apaixonadas à leitura. Em particular, seguiu a rica trajetória da fórmula editorial inaugurada pela obra de Erasmo, A civilidade pueril, chamando a atenção para os usos e as apropriações do conceito de civilidade, para as traduções, as adaptações e as deformações do texto humanista. Elias elaborou um modelo de interpretação sociológica cuja razão de ser é a sua apreensão em um tempo longo da história. Em muitas passagens do Processo civilizador, elucida as tensões entre as invariantes sociológicas e a historicidade cultural sintetizadas, anos após, no livro *Envolvimento e alienação*. Ao resultado dessas tensões, Elias chamou "universais de processos". O certo é que, no seu modo de ver, as configurações históricas não cessam de mudar, ainda que a tendência seja as pessoas irem se moldando umas às outras.

O objetivo maior de Norbert Elias, ao remontar ao passado longínquo, é juntar os fios de uma história conceitual que dê conta da aventura humana no Ocidente, das maneiras de se portar e de autogerir a conduta, das barbarizações causadas pelas guerras, da progressiva sofisticação ou brutalização dos comportamentos, enfim, de uma civilização que jamais se completou – a de seu tempo presente.

Não são de surpreender os usos e as apropriações que os historiadores franceses das chamadas mentalidades, como Philippe Ariès e, posteriormente, os historiadores das práticas culturais, como Roger Chartier, fizeram do sistema de pensamento e dos modelos de interpretação do sociólogo.[4] Foi na França que o autor logrou o reconhecimento merecido. A recepção de sua obra pelos historiadores franceses, nos anos de 1970, foi decisiva para uma difusão alargada de seu pensamento.

No campo dos estudos educacionais, o trabalho de Norbert Elias abre caminhos para a compreensão da formação do indivíduo e suas implicações com as apropriações dos objetos da cultura, como os modos de ler e as relações com os livros. Também propicia a análise dos efeitos produzidos pelos bens simbólicos no espaço social e dos processos de interiorização dos constrangimentos que permitem o aprendizado da vida em grupo. Além do mais, a civilidade, conceito-chave na documentação normativa utilizada pelo sociólogo, vai se tornando uma pedagogia do comportamento privado e público ao combinar a aprendizagem das boas maneiras com as bases da instrução elementar, como a leitura e a ortografia. A propósito, Jacques Revel[5] nos lembra que todos os caminhos levam a civilidade à escola, porque ela entra com toda a força na longa história cultural dos modelos e das práticas pedagógicas.

---

[4] Um bom exemplo dessas apropriações são os textos que compõem o livro *História da vida privada: da renascença ao século das luzes* (1991), sob a organização de Philippe Ariès e Roger Chartier.

[5] REVEL, 1991.

A infância e a vida privada são por excelência os domínios do autor. Espera-se que as crianças atinjam um nível de controle das emoções, que formem certos padrões de vergonha, comedimento e pudor capazes de lhes auxiliar no recalque das pulsões – que quer dizer crescimento, habilitando-as ao convívio social. Os princípios de formação das disposições morais das crianças e jovens – como o *habitus* leitor – na maioria das vezes, descritos e prescritos nos livros escolares, nas revistas infantis, e até mesmo nas narrativas de ficção literária, são igualmente objeto de estudos pedagógicos cujas inspirações fluem da obra eliasiana.

Seu apego à ideia de formação foi tanto que em uma das mais belas passagens da entrevista biográfica que concedeu a Heerma van Voss e A. van Stolk,[6] quando interrogado sobre o desejo da paternidade, imediatamente lembrou a atividade de ensinar: "Quero dizer que sempre apreciei dar aulas para estudantes e, se quiserem, podem chamar isso de um substituto. O ensino tem alguma coisa de paternal".[7]

A vida de Norbert Elias, por ela mesma, nos fornece um ponto de vista sobre sua obra. Podemos adotar uma perspectiva eliasiana de compreensão da singularidade individual e partir de sua formação sentimental, de sua *psicogênese*, da solidão vivida na condição de filho único, do gosto pela erudição no seio de uma família burguesa, enfim, podemos iniciar este livro comentando as marcas estruturais do que ele próprio chamou de *habitus social*,[8] o elenco de disposições para o pensamento e a ação, que, herdadas ou adquiridas ao longo da formação de um indivíduo, acabam por tomar forma e expressão no trabalho adulto.

Desde a infância, Norbert Elias teve a certeza de sua inclinação para a pesquisa e o ensino universitário. Não seria por menos. Suas escolhas e sua obstinação confirmam os vínculos entre herança familiar e desempenho escolar. Elias

---

[6] ELIAS, 2001.
[7] ELIAS, 2001.
[8] ELIAS, 1995.

cresceu no seio de uma família cultivada, habituada a concertos e teatros, formada por um casal de judeus abastados. Leu muitos livros, frequentou escolas, mas conheceu cedo o horror da guerra. Serviu como soldado alemão na Primeira Guerra Mundial. Por esse tempo, iniciou seus estudos superiores em Medicina, interrompidos antes do final. A vocação do jovem era a Filosofia. Concluiu sua tese de mestrado, *A sociedade de corte*, em 1924. Mas sonhava em deixar sua pequena cidade natal, partir em viagem de estudos. Chegou, então, a Heidelberg, orientando-se para os estudos em Sociologia. A partir de então, foi

> [...] recebido nos círculos weberianos, notadamente no de Marianne Weber, a viúva do grande sociólogo falecido em 1920, e de Alfred Weber, seu irmão. Conhece então as primícias de uma carreira universitária, tornando-se em Frankfurt, em 1930, assistente de Karl Mannheim, o sociólogo de origem húngara.[9]

Em 1933, vê-se obrigado a deixar a Alemanha. Na bagagem, leva sua tese de mestrado sobre a sociedade cortesã francesa do século XVII. Move-o a paixão pela cultura, os costumes e história francesas, objetos de seu trabalho, além de uma vantagem acrescida: o bom conhecimento da língua. Na França, não consegue o posto universitário almejado. Acaba trabalhando numa fábrica de brinquedos e enfrentando muitas dificuldades financeiras. A solução foi migrar mais uma vez. Adotou a Inglaterra, onde começou a trabalhar intensamente na Biblioteca do Museu Britânico e a elaborar o que viria a ser *O processo civilizador*. Viveu, então, do auxílio de uma bolsa de estudos concedida por uma fundação judaica de emigrados.

Como bem observa Nathalie Heinich,[10] parecem anedóticos os efeitos da longa duração na vida de Norbert Elias. Foram necessários mais quinze anos para que obtivesse seu primeiro posto de professor de Sociologia, em Leicester. Elias

---
[9] GARRIGOU; LACROIX, 2001, p. 17.
[10] HEINICH, 1997, p. 55.

demonstrou uma potente força moral para resistir à discordância ou à incompatibilidade entre o sentimento interior de seu próprio valor e a dificuldade de se ver reconhecido por seus pares, como chama atenção, ainda, a socióloga francesa. Precisou trabalhar duro e tenazmente para realizar seus desejos de infância. Norbert Elias faleceu em 1990, em Amsterdam, já aposentado, mas na posição sonhada, em meio ao sucesso acadêmico e a seus vários alunos.

Concordo com Bernard Lacroix[11] que duas imagens falsas de Elias se interpõem entre ele e os sociólogos que o estudam: a do professor universitário malogrado e a do intelectual pária. No meu modo de ver, o que realmente estruturou sua experiência foi a aquisição de certa atitude distanciada, revelada através da necessidade de "erguer o véu das dissimulações",[12] de procurar não sucumbir às ilusões e às modalidades do entusiasmo intelectual que o passado ou seu próprio tempo foram capazes de produzir. Essa posição ilustra o que ele entendia como a "ética do cientista", talvez o segredo de seu olhar paciente e arguto sobre o mundo.

No livro *Envolvimento e alienação*,[13] Elias nos desperta o olhar para as conexões entre a boa compreensão dos fatos sociais, suas inscrições no tempo e o autodistanciamento enquanto postura analítica na Sociologia. Para o autor, o encurtamento da perspectiva temporal, como nas situações de pesquisa que tendem a isolar o presente, acaba estreitando as vistas dos sociólogos, além de submetê-los a toda sorte de pressões sociais. "A perspectiva de tempo não deve ser ditada pelo envolvimento pessoal, mas pelos próprios fatos",[14] argumenta o autor, e são os modelos de processos que conectam os acontecimentos passados com a atualidade, exigindo dos sociólogos relativo desprendimento e certos níveis de alienação em relação a seu objeto de estudo.

---

[11] 2001, p. 5.
[12] ELIAS, 2001, p. 47.
[13] ELIAS, 1998.
[14] ELIAS, 1998, p. 24.

Adoto como perspectiva de análise a tese sobre o processo de civilização. Como venho estreitando cada vez mais laços teóricos com Norbert Elias, em função de meus estudos sobre as operações de civilidade investidas nos livros infantis e os processos de formação do *habitus* social pela leitura, acredito que uma das maiores contribuições oferecidas pelo autor aos estudos educacionais situa-se na história dos costumes, assim como na história dos métodos de aprendizagem que, do século XVI ao século XIX, vêm embasando a instrução infantil. Afinal, as regras para a boa leitura e o aprimoramento do estilo em escrita são tomados como modalidades do bom comportamento. Elias em muito contribui para uma reflexão sobre a utilização metodológica de fontes impressas que funcionam como vetores da modulação dos comportamentos.

Na primeira parte, apresento a teoria dos modelos de civilização ocidental, relacionado-a aos suportes impressos que veicularam os conceitos de civilidade. A teoria dos modelos pode ser encontrada nos dois volumes que compõem o livro *O processo civilizador – uma história dos costumes e formação do estado e civilização* e no estudo sobre a monarquia absoluta de Luís XIV (século XVII), que apresenta o cerimonial e a etiqueta como instrumentos de dominação, objeto do livro *A sociedade de corte – investigação sobre a sociologia da realeza e da aristocracia de corte*.

Na segunda parte, trato de alguns domínios de objeto, que são exercícios de "aplicação" do modelo proposto pelo autor. O primeiro capítulo traz o livro *Mozart, sociologia de um gênio*, que é um estudo dos aspectos individuais das tensões sociais. Nele, a singularidade do músico sintetizada na forma de uma biografia é confrontada com os padrões de comportamento nas cortes europeias do século XVIII. Uma vez que as cortes absolutistas funcionavam como universos da hierarquia e dependência (cada um seu lugar e em todos os lugares a bajulação, a obediência e o temor ao soberano), a autonomia dos artistas ficava muito complicada. Elias, mais uma vez, ocupa-se da formação do *habitus* – ou do processo de civilização – individual. A ideia espontânea de um gênio criador é desmanchada pelas referências sociológicas às cadeias de interdependência nas quais se movem os indivíduos e a partir das quais se definem seus destinos. Neste livro encontra-se uma importante discussão sobre os usos dos modelos analíticos, bem como dos modos de incorporação da teoria ao argumento da escrita biográfica.

Prossigo, então, com um comentário sobre a longevidade do *corpus* de textos utilizados no trabalho de Elias: os manuais de etiqueta e civilidade. Tomo a liberdade de vislumbrar aí uma Sociologia do livro e da leitura. Esses documentos dão informações detalhadas sobre a vida social no antigo regime e, ao mesmo tempo, são veículos difusores de modelos de conduta e pensamentos. É muito interessante observar o jogo das apropriações dos modelos culturais em um processo de longa duração, e o modo como o conceito de civilidade é operado pela via da leitura. Ler sempre foi uma prática que possibilita as incorporações. Em dados momentos e em certas situações, a leitura é criativa, subverte valores e altera comportamentos; em outros, pode vir a ser pura adesão ou o resultado de admoestações. O certo é que as maneiras de ler e os efeitos causados pelos usos dos livros situam-se no movimento de civilização, que leva ao controle cada vez mais estrito dos afetos, ao autodomínio necessário à fruição das obras e à estruturação do trabalho intelectual, como o exercício da escrita.

Apresento, finalmente, nos termos do autor e como um exercício de aplicação de seus conceitos fundamentais à pesquisa educacional, as artes da civilidade difundidas em nossos primeiros livros de literatura infantil. Analiso o modo como a civilidade entra para o *corpus* dos contos de fadas brasileiros, os quais ao se inscrever na longa tradição erasmiana, ficcionalizando as máximas morais e a aprendizagem das normas, em muito revelam sobre as apropriações e as adaptações nativas dos modelos e ideias europeus. Gostaria de advertir o leitor de que se trata de, nas palavras do autor,[15] não individualizar a imaginação sociológica, mas de aproximar o vigor da teoria à dinâmica da sociedade brasi-

[15] ELIAS, 2001, p. 148.

leira. Esboço, ainda, um perfil das crianças leitoras e de suas relações com o mundo da cultura escrita.

Nas considerações finais, retorno ao problema dos lugares dos indivíduos nas cadeias de interdependência objetivadas nos processos sociais de longa duração.

Esta apresentação da obra de Norbert Elias não poderia deixar de trazer uma cronologia das passagens que figuram como marcos na vida do autor. Seguem, ainda, a bibliografia que mais interessa ao leitor iniciante, as traduções e as edições de Norbert Elias no Brasil.

# Primeira parte

CAPÍTULO I

# O PROCESSO DE CIVILIZAÇÃO

> *Também Robinson Crusoé traz a marca de uma sociedade específica, de uma nação e uma classe específicas. Isolado em sua ilha de todas as relações que tinha com elas, ele se conduz, deseja e faz planos segundo os padrões delas, e assim exibe comportamentos, desejos e projetos diferentes do de Sexta-Feira, por mais que os dois se adaptem um ao outro em virtude de uma nova situação.*
>
> Norbert Elias

**E**m que consiste o processo de civilização ocidental? Quais foram suas causas e forças motivadoras? Estas são as primeiras questões propostas por Norbert Elias[1] no livro *O processo civilizador*.

O processo de civilização ocidental consiste no modo pelo qual se estrutura uma rede de censuras e proibições que transforma, de forma muito lenta e em conjunto, os comportamentos, as emoções individuais e a vida coletiva. Para tornar claras as intenções, as forças e os efeitos do processo, Elias recorre aos documentos e à observação dos fatos da história. A primeira observação conclui que as disposições

---
[1] ELIAS, 1994
[2] ELIAS, 2006, p. 21.

íntimas que orientam a ação dos indivíduos não são inatas nem oriundas de uma liberdade de escolha, e sim expressão de uma evolução que atravessa muitos séculos. A segunda afirma que o processo de civilização é um movimento contínuo, sem termo ou ponto de partida. Em certos momentos, seus produtos tornam-se mais visíveis, como a suavização das maneiras e o culto ao refinamento nos atos de todo dia. A pacificação das relações sociais também resulta do processo e, mais importante, origina a formação dos regimes políticos e, por fim, dos Estados absolutistas. O psiquismo individual e a constituição das instâncias políticas estão, na visão de Elias, irremediavelmente entrelaçados.

> Embora os seres humanos não sejam civilizados por natureza, possuem por natureza uma disposição que torna possível, sob determinadas condições uma civilização, portanto uma autorregulação individual de impulsos do comportamento momentâneo, condicionado por afetos e pulsões, ou o desvio desses impulsos de seus fins primários para fins secundários, e eventualmente também sua reconfiguração sublimada.[2]

Por isso, em comparação com os nossos padrões de comportamento, os sentimentos e as condutas de um cavaleiro que vivia na corte medieval parecem terrivelmente assustadores. Um homem nessa posição não costumava medir as consequências de seus atos, submetê-los a uma racionalidade ou tomar medidas de prevenção. Em decorrência disso, o olhar retrospectivo revela a crueza da agressividade de suas atitudes. Faltava ao cavaleiro maior estruturação de seu autocontrole, uma capacidade de autodeterminação, o que Elias – e Freud – chama claramente de superego.

No período medieval, era muito mais fácil para a nobreza resolver os conflitos recorrendo às lutas sangrentas do corpo a corpo, ao rapto e aos saques, visto que também as instâncias exteriores reguladoras da violência e da força física, como as instituições políticas, não se encontravam suficientemente

---

[3] HEINICH, 2002.
[4] ELIAS, 1994, p. 23.

maduras, quer dizer, centralizadas. Daí conclui-se que, assim como na vida em sociedade, as emoções humanas estão submetidas a estágios de controle, e somente as experiências e o tempo podem levá-las a uma maior diferenciação.

A teoria do processo de civilização aponta para o desenvolvimento conjunto do aparelho psíquico e das cadeias de relações formadas pelos indivíduos na sociedade. A primeira dimensão chama-se psicogênese; a segunda, sociogênese, e ambas encontram-se entrelaçadas. Em vista disso, os modelos assumidos pelo processo não podem ser apreendidos como entidades abstratas, fora das dinâmicas concretas de cada tempo histórico e sociedade, razão pela qual Elias os localiza nos gestos e nas demonstrações de afeto os mais desinteressados do mundo cotidiano, desde as maneiras nos círculos de cortesãos que gravitavam em torno dos senhores feudais, representadas pela *courtoisie*, passando pelas mudanças de comportamento durante a Renascença, expressas no conceito de *civilité* até o período moderno, quando o emprego do conceito de civilização se encontra por toda parte.

O conceito de *civilité* é forjado nos escritos literários renascentistas e deve sua difusão à adoção pelas cortes europeias, a partir de 1530, de um pequeno tratado intitulado em latim *De Civilitate murum puerilium* (*A civilidade em crianças* ou *A civilidade pueril*), de autoria de Erasmo de Rotterdam. Esse livro teve a importância de cristalizar os processos sociais em curso difundindo a prescrição de modos de comportamento, a adoção de maneiras de conduzir a vida e a sedimentação de costumes para a boa educação das crianças. Voltarei a ele com maior vagar. Já o conceito precedente de *courtoisie* ilustra o padrão medieval das normas sociais discutidas pelas sociedades religiosas e pela nobreza guerreira e ganha sua significação através das recomendações de boas maneiras tanto às crianças quanto aos adultos, indistintamente. Através desses conceitos as classes dominantes deram expressão à sua autoimagem. Os preceitos veiculados nos livros pré-modernos, porém, são rudimentares em comparação com as etapas subsequentes. Elias tece longos comentários sobre as recomendações e reprimendas presentes nos antigos tratados de civilidade, como a discussão sobre o lugar certo para jogar os ossos roídos após as refeições, que não deveriam ser postos de volta na travessa, mas atirados ao chão. Usar a mão para limpar o nariz era prática costumeira, e Elias nos lembra a inexistência dos lenços. Mas à mesa não se deveria assoar o nariz nas toalhas. O estudo dessas condutas revela a correspondência entre os atos mais banais do cotidiano e as estruturas sociais bem-definidas. Em suma, a unidade de comportamento medieval encontra-se em clara transição para os padrões de decoro e emoções mais cerradas que ilustram o período da Renascença ou primeira modernidade.

As fontes de trabalho e de inspiração do autor são os manuais de civilidade, os tratados de etiqueta, impressos que descrevem e prescrevem os modos de comer, a higiene do corpo, a leitura de bons livros e a aprendizagem da boa ortografia, o cuidado em falar palavras adequadas, os patamares da vergonha e da repugnância, as elevações do limiar do pudor. Elias leva a sério temas aparentemente fúteis, transformando-os em objeto de reflexão sociológica, como bem observa Nathalie Heinich.[3]

Desse modo, o jogo da civilização pode ter regras fixas, mas suas rotas não são predeterminadas; definem-se pelo aprendizado e pela assimilação, nem sempre conscientes ou voluntários, de todos esses esquemas do comportamento. O autor afirma:

> Mas se examinarmos o que realmente constitui a função geral do conceito de civilização, e que qualidade comum leva todas essas várias atitudes e atividades humanas a serem descritas como civilizadas, partimos de uma descoberta muito simples: esse conceito expressa a consciência que o ocidente tem de si mesmo. Poderíamos até dizer: a consciência nacional.[4]

Elias inicia o percurso da análise com uma discussão

---

[5] ELIAS, 2006, p. 127.
[6] ELIAS, 1996, p. 30, 119-158.
[7] CHARTIER, 1990, p. 91.

sobre a formação das autoimagens nacionais. O emprego dos modos civilizados iniciou-se com as cortes aristocráticas dos séculos XVII e XVIII. Antes dessa consciência, como se mencionou, os homens medievais conheciam o padrão social da cortesia (*courtoisie*), e os renascentistas cultivavam as regras da civilidade (*civilité*).

Certamente há passagens entre um estágio e outro, alguma equivalência e transmissão nos usos e nas apropriações das formas sociais, até mesmo permanências no tempo. O que prevalece é a propriedade, em maior ou menor grau, de inibição das emoções individuais presente nas duas formas de regulação da conduta.

Nos microcosmos das cortes europeias do antigo regime, o poder do soberano era exercido como a encenação de um grande teatro público. A corte vivia das regras da aparência. O prestígio, o status e a hierarquia – as marcas da distinção social – requeriam o controle estrito dos gestos e das posturas tanto do rei como dos que viviam em torno dele, nos castelos e suas dependências. Todo o cuidado era dispensado ao comportamento, até nos detalhes, como a maneira de sentar, olhar e cumprimentar-se. O dia a dia na corte era um verdadeiro faz de conta jogado por agentes sociais que acabou se tornando feitos de conta. A vontade do soberano devia ser prontamente obedecida, em consequência a bajulação era regra de ouro a ser observada indistintamente. Daí as intrigas e as disputas pelos favores reais. O importante era que todos abafassem seus sentimentos, respeitassem as regras da etiqueta, simulassem uma reciprocidade de julgamento das simpatias e antipatias, enfim, desempenhassem seus papéis para o bom convívio no *monde*.

Pouco a pouco, esses códigos que regiam a vida dos cortesãos foram difundidos para os outros estratos da sociedade, e o que era característico de um grupo fechado passava a ser imitado por muitos, até elevar-se à condição de um caráter nacional.

Elias, então, procede a uma análise comparativa entre as diferenças da gênese dos comportamentos nas cortes alemãs e francesas. O que fazia sentido para um intelectual de origem burguesa ligado aos círculos da corte na Alemanha do século XVIII – suas formas de individuação, como a inclinação a discutir Literatura ou a falar baixo em uma conversa refinada – pouco importava a um indivíduo que ocupasse a posição social de rei na corte francesa (pensemos em um Luís XV ou até mesmo em seu antecessor do século XVII, Luís XIV, com poder mais centralizador e absoluto), talvez mais preocupado com os atributos da aparência física ou com os rumores sobre sua vida íntima suscetíveis de ferir sua imagem no espaço da política. Tudo isso acontecia, mesmo que esses dois personagens fossem contemporâneos e pudessem estabelecer relações culturais. A ideia de civilização só pôde adquirir sentido e expressar um *habitus* nacional através de experiências comuns a cada tradição cultural.

*Habitus* nacional deve ser entendido como uma comunidade imaginada de sentidos e de sentimentos reconhecida por um conjunto de indivíduos que se "determinam reciprocamente em suas relações sociais e no modo pelo qual reagem diante de acontecimentos pessoais e impessoais".[5] Cada comunidade nacional encontra seus modos de expressão característicos na língua e no pensamento, esclarece o autor. Os indivíduos identificados a cada país constituem suas formas de distinção e de entendimento mútuo, assim como suas intrigas e disputas. Os destinos de uma nação, estruturados pela experiência da longa duração, sedimentam-se no *habitus* – que pode substituir o termo caráter nacional – e nas atividades codificadas de seus membros individuais.[6]

Em vista disso, a civilização não supõe destinos sociais uniformizados nem mentalidades abstratas e comuns a um dado período da história. Apresenta-se o primeiro conflito aberto pela teoria. A civilização funciona muito mais em termos de pertencimento a grupos ou a situações sociais concretas. Essas observações, ao mesmo tempo que revelam um modo de ler os arquivos, trabalho do historiador, acabam confirmando o projeto sociológico do autor. Como aponta

[8] ELIAS, 1994, p. 49.
[9] ELIAS, 1994, p. 24.
[10] ELIAS, 1994, p. 38.

Roger Chartier,[7] o projeto de Norbert Elias não restringe a Sociologia aos estudos das sociedades contemporâneas, antes devendo dar conta das evoluções de longa duração que permitem compreender, "por filiação ou por diferença", as realidades presentes. Como diz o próprio Elias,

> as unidades sociais chamadas nações diferem na estrutura da personalidade de seus membros, nos esquemas através dos quais a vida emocional do indivíduo é moldada sob pressão da tradição institucionalizada e da situação vigente.[8]

Os alemães expressavam a si mesmos através do conceito de *kultur*. Essa palavra aludia às realizações artísticas e religiosas, às obras de arte, aos livros, aos sistemas de pensamento e à profundidade dos sentimentos, portanto representavam um orgulho nacional. A palavra *zivilisation*, nesse universo semântico, jamais se revestiu do valor a ela devotado na França. Para os alemães, civilização significava apenas os traços da aparência externa, a superfície da existência humana, como as conversas, as cerimônias e os demais episódios sem importância do teatro social. Já os franceses atribuíam um grande valor a essas atitudes e comportamentos. Preocupavam-se bastante com a polidez, sobretudo a da linguagem. Desse modo, o emprego da palavra civilização traduzia toda a força de sua expansão com tendências a minimizar as diferenças entre as tradições nacionais e estabelecer equivalências através do padrão de civilidade francês. Segundo Elias,[9] a civilização, à moda francesa ou até mesmo à moda inglesa,

> ... manifesta a autoconfiança de povos cujas fronteiras nacionais e identidade nacional foram tão plenamente estabelecidos, desde séculos, que deixam de ser temas de qualquer discussão, povos que há muito se expandiram fora de suas fronteiras e colonizaram terras muito além delas.

O conceito alemão de *kultur* orientava-se para a de-

---

[11] ELIAS, 1994, p. 45.

[12] ELIAS, 1994.

[13] Consultar a respeito, o livro da mesma coleção relativo ao pensamento educacional de Rousseau. STREKC, 2004.

marcação de diferenças capazes de representar a identidade de uma nação que teve de reconstituir-se por diversas vezes em sua história, no que diz respeito tanto às suas fronteiras quanto à sua vida espiritual. Em contraste com a França, a Alemanha conheceu uma outra rota para realizar o processo de civilização. Tudo nas cortes alemãs era mais característico. As tarefas e as posições sociais configuravam-se de forma melhor diferenciada. Os estratos médios, a exemplo da inteligência de origem burguesa, jamais obtiveram a aproximação ou foram assimilados pela aristocracia de corte do modo como acontecia na França, onde escritores e filósofos se misturavam, de bom grado, às damas e aos nobres nos salões literários. Na Alemanha, os nobres vivam mais isolados, "utilizando a prova de ancestralidade como o instrumento mais importante para lhes preservar a existência social privilegiada".[10]

Desse modo, a classe média alemã desenvolveu sentimentos ambivalentes em relação à aristocracia. Na verdade, *kultur* expressava a autoimagem dos intelectuais de classe média, que encontravam seus refúgios nas realizações da mente (*Bildung*), na formação do gosto e no exercício da Literatura. Enquanto os alemães faziam suas apostas nas realizações materiais, os franceses conversavam.

> Na França, a conversa é um dos mais importantes meios de comunicação e, além disso, há séculos é uma arte; na Alemanha o meio de comunicação mais importante é o livro, e é uma língua escrita unificada, e não uma falada, que essa classe intelectual desenvolve.[11]

Na França, os meios de distinção social apresentavam um funcionamento bastante peculiar. Em primeiro lugar, na corte francesa, como a de Luís XIV, o Rei Sol, dava-se muita importância à opinião pública. O que se falava, abertamente ou aos sussurros, da conduta pessoal do soberano, as fofocas e as intrigas que circulavam sobre a vida privada do rei produziam efeitos profundos no espaço da política, podendo até desqualificar a monarquia absoluta aos olhos

[14] WIEVIORKA. In: BURGUIÈRE, 1995, p. 221.

[15] Em algumas traduções o termo configuração aparece como figuração. Consultar a respeito, NEIBURG; WAIZBORT, 2006.

do povo e da Igreja. Ao contrário da Alemanha, na França, a burguesia participava dos círculos aristocráticos, falando a mesma língua, lendo os mesmos livros e observando as mesmas maneiras. Havia maiores intercâmbios e interdependências recíprocas entre os grupos médios e a aristocracia, facilitando os contatos e a circulação tanto dos códigos de comportamento como das notícias.

Já chamei a atenção, páginas atrás, para a tendência difusora das convenções de estilo e dos costumes sociais inicialmente formados na corte francesa para as outras camadas da sociedade, resultando na passagem de um caráter ou *habitus* social para o caráter ou *habitus* nacional. A inteligência burguesa e os grupos importantes da classe média foram atraídos relativamente cedo para a sociedade cortesã, envolvendo-se no governo e até ocupando altas posições na administração, o que acabou estimulando, argumenta Elias, uma atividade política e a tensão social entre os interesses burgueses e aristocratas.

Durante esse "movimento de oposição", na segunda metade do século XVIII,[12] que evidenciou a intensidade das lutas de interdependência entre as classes sociais, é que foi formulado o conceito francês de *civilisation*. Elias nos informa que a palavra aparece pela primeira vez na obra de Mirabeau, na década de 1760. Os escritores não poderiam escapar das redes apertadas do controle, uma vez que ocupavam posições na formação social da corte. Mirabeau pensou o conceito em negativo. Para ele, a suavização das maneiras e os bons costumes não passavam de máscaras usadas nas representações da autoimagem que a classe dominante europeia construiu para si, em relação ao que ela considerava mais simples e primitivo. Mirabeau trouxe para o conceito a ideia da virtude moral e da valorização do homem simples. Textos como esse tinham uma eficácia persuasiva muito grande, previam usos teatrais de seus conteúdos, falavam diretamente aos espíritos dos leitores.

---

[16] CHARTIER. In: BURGUIÈRE, 1995, p. 216.

No antigo regime, os autores esforçavam-se para estetizar suas opiniões, transformá-las em narrativas de conselhos morais. O mesmo fazia Jean-Jacques Rousseau com sua teoria da bondade natural do homem. Rousseau foi mais radical que Mirabeau no ataque à ordem dos valores sociais dominantes, prescrevendo muita atenção e cuidado com a recepção das crianças às impressões do mundo exterior. De acordo com seus princípios educacionais, apresentados na sua obra máxima *Emílio ou Da Educação*, as crianças deveriam ser deixadas na sua situação natural, livres das paixões sociais.[13]

Sob a perspectiva de Norbert Elias, mesmo tendo sido radical na denúncia do caráter corruptor da civilização, Rousseau não conseguiu lançar um contraconceito equivalente nem escapar às influências dos círculos da corte. Apenas formulou sua crítica nos termos da substituição da falsa civilização por uma civilização mais autêntica. Enfim, tratava-se, com o filósofo genebrino, de reformar o conceito. A burguesia francesa e seus representantes intelectuais politicamente ativos continuavam ligados aos círculos da corte, imitando o comportamento dos nobres, como eles, controlando os afetos, encenando também o teatro social.

A revolução burguesa acabou não subvertendo a unidade dos costumes tradicionais, aponta Elias. Inicialmente, instrumentos dos círculos das classes médias, de uma burguesia em ascensão, os conceitos de *kultur*, na Alemanha, e de *civilisation*, na França, sintetizaram toda a nação, expressando sua autoimagem, ainda que no registro de uma dupla sensibilidade: antiga e moderna.

Até aqui, procurei sintetizar os princípios gerais da teoria da civilização. A construção do modelo, no entanto, encerra não poucas contradições. A mais evidente e problemática diz respeito ao modo pelo qual o processo se configura na longa duração, que, aos olhares resistentes de alguns sociólogos, parece conter uma dimensão evolucionista, como bem observa Michel Wieviorka.[14] As supostas implicações do modelo com uma concepção linear da história estariam

---

[17] Os títulos da tradução brasileira são: *O processo civilizador – uma história dos costumes*, v. I e *O processo civilizador – formação do estado e civilização*, v. II.

na determinação de um curso e de uma ordem para o desenvolvimento dos costumes, nos termos de um aumento das censuras e proibições, da transformação dos controles exteriores em autocontrole interiorizados, consequentemente na consideração da mudança nos padrões de comportamento como algo orientado, direcionado a um sentido.

Em primeiro lugar, Elias não se atém aos problemas das origens das formas de modelação dos comportamentos. A utilização do termo configuração[15] ou processo ajuda a esclarecer muitos pontos. Ao inserir as séries de transformações dos mecanismos do controle e autodomínio em configurações sociais específicas, o sociólogo busca compreender como os indivíduos, em dados períodos da história, situam-se nas cadeias sociais de interdependência dos acontecimentos relativas exclusivamente a tais períodos da história. A correspondência ou equivalência entre a estrutura da personalidade e as formas de organização social formadas por um grande número de indivíduos interdependentes são, antes de tudo, dinâmicas e, por isso mesmo, vão assumindo modelos na história. Interdependência não quer dizer harmonia, mas tensões e conflitos. Como bem observa Roger Chartier,[16] o cerne da obra de Elias é a articulação entre as formas de diferenciação social, a estrutura do exercício do poder e a economia da personalidade.

Elias, na introdução à edição de 1968 de seu livro *O processo civilizador*,[17] demarca com clareza as diferenças de seu projeto em relação às teorias dos sistemas, por exemplo, a de Talcott Parsons. Mesmo que a Sociologia trabalhe com modelos, a fim de formalizar e melhor apreender a dinâmica social, isso não significa a redução dos processos sociais à condição de estados de repouso. As sociedades em equilíbrio, como as imaginadas pela teoria dos sistemas sociais, pressupõem uma integração entre indivíduos isolados, nas quais as mudanças, quando possíveis, são apenas manifesta-

[18] ELIAS, 1994, p. 232.

[19] ELIAS, 1994, p. 249.

[20] HEINICH, 2002, p. 88.

[21] ELIAS, 2003.

ções de disfunção.[18] Esses conceitos abstraem as sociedades concretas de suas dinâmicas. No processo de civilização, são as cadeias de interdependência que mantêm os indivíduos ligados e formam os nexos mutáveis chamados figurações ou configurações. Nem a figuração, nem os indivíduos que em um jogo de relações recíprocas e mutantes compõem o desenho dela constituem qualquer tipo de abstração. Elias[19] oferece uma bela imagem para sua teoria social:

> O que temos em mente com o conceito de configuração pode ser convenientemente explicado como referência às danças de salão. Elas são na verdade, o exemplo mais simples que poderíamos escolher. Pensemos na mazurca, no minueto, na polonaise, no tango, no rock'n'roll. A imagem de configurações móveis de pessoas interdependentes na pista de dança talvez torne mais fácil imaginar Estados, cidades, famílias, e também sistemas capitalistas, comunistas e feudais como configurações [...] as mesmas configurações podem certamente ser dançadas por diferentes pessoas, mas, sem uma pluralidade de indivíduos reciprocamente orientados e dependentes não há dança.

Não se pode imaginar a dança como uma estrutura fora dos indivíduos. A dança é uma figuração móvel, os passos que a possibilitam mudam conforme a vontade conjunta dos dançarinos, que, por sua vez, orientam o desenrolar da dança, assumindo ora um ritmo mais lento, ora mais acelerado. O mesmo acontece com as sociedades.

Como observa Nathalie Heinich,[20] para ilustrar as noções de interdependência e de inter-relação, Elias sempre recorreu às imagens, o que evidencia todo o cuidado pedagógico de que lançava mão ao expor o seu pensamento. Assim, além da dança, podemos pensar no modelo das conversas entre dois ou vários interlocutores, que se inicia e flui por meio das relações e conexões do pensamento, dos pontos de vistas, das contendas ou acordos. O leitor, no entanto, pode ir diretamente ao livro *O que é Sociologia*,[21] no qual o autor utiliza o modelo dos jogos, a exemplo do jogo de xadrez, para compor mais uma imagem da dinâmica das relações sociais.

Prossigo com a discussão da etiqueta na sociedade da corte francesa de Luís XIV. A dinâmica dessa formação social de elite torna mais claro o processo de centralização e estruturação do poder, como o monopólio da violência e da renda tributária e, com isso, o fortalecimento dos regimes políticos e o fortalecimento da organização do Estado moderno.

Convido, antes, o leitor a irmos ao século XVI, à emergência da modernidade e aos processos de modelação que encontravam expressão na obra do pensador humanista Erasmo de Rotterdam e, posteriormente, encheu os olhos e inspirou o gesto da escrita de reformadores protestantes e contrarreformadores católicos, caso do educador Jean-Baptiste de la Salle, o responsável pela cristianização da civilidade.

CAPÍTULO II

# A CORTE, UMA ESCOLA DE MANEIRAS

> *Não se perdoa a mania de pôr um ou dois cotovelos sobre a mesa. Isso passa despercebido nos velhos e nos doentes. Cortesãos há refinados que se permitem tais posturas. Não dês atenção a eles nem os imite. Entrementes, sê atento para não incomodar com os cotovelos a quem está assentado a teu lado. Também não, com os pés, a que está a tua frente. Não fiques a balançar sobre a cadeira, apoiando-te, ora sobre uma das nádegas, ora sobre a outra. Tal atitude sugere o trejeito de quem está para liberar gases do tubo digestivo ou, pelo menos, se esforça para tanto.*
>
> *O correto é ficar de corpo direito, em equilíbrio estável.*
>
> Erasmo de Rotterdam. A civilidade Pueril.
>
> Capítulo IV – Os banquetes e as refeições: posições do corpo

A civilização também foi um processo de produção simbólica. A edição e a difusão de livros tomaram parte central na construção do conceito de civilidade, que logo assumiu a forma de uma literatura de regras. Essa literatura, se posta em ação através da leitura, impulsiona um conjunto de disposições íntimas à imitação e ao aprendizado, logo serve como matriz societária. Roger Chartier[1] afirma: "Destinada a disciplinar as condutas, a civilidade, no entanto, é, de início, textos e livros".

---

[1] 2004, p. 91.
[2] CHARTIER, 2004, p. 51. REVEL, 1991, p. 169-209.

Vimos que a obra fundadora da civilidade foi o tratado moral escrito por Erasmo de Rotterdam no século XVI e destinado à educação dos jovens. Roger Chartier e Jaques Revel contam-nos a história.[2] Publicado pela primeira vez em latim, por Frobem, em 1530, na Basileia, *De civilitate morum puerilium* ou *Da civilidade em crianças*, obteve uma promissora carreira editorial por mais de três séculos. Só de edições latinas ao longo do século XVI foram pelo menos oitenta, passando por várias traduções nas línguas vernáculas como o alemão (1531), o inglês (1532), o francês e o tcheco (1537), o holandês (1546), por várias reimpressões na própria Basileia, em Paris, na Antuérpia, em Frankfurt e Leipzig, na Cracóvia e por várias adaptações, como as que colocaram o texto sob a forma de perguntas e respostas, a exemplo de Hadamarius, em 1537, ou o apresentaram em curtos conselhos, e ainda por diversas imitações, que são novas narrativas escritas livremente a partir do modelo original.

Quatro anos após a sua primeira edição, em 1534, o tratado veio a público sob forma de catecismo, quando já era adotado como livro-texto para a educação dos meninos. O latim era a língua de comunicação entre as elites, portanto a adoção nas escolas só podia destinar-se aos indivíduos dessa classe. Até o século XVIII, o tratado somou, de acordo com Elias,[3] mais de cento e trinta edições. Isso por ser ambicioso e visar impor a toda a Europa erudita "um código unificado de condutas",[4] inaugurando na história editorial do ocidente uma verdadeira família de "caracteres tipográficos *civilité*". Essa família de impressos, na feliz expressão de Norbert Elias, na verdade desenhava os contornos de um novo gênero de publicações que alcançaria uma longa duração, ainda que não se conservasse imutável, mas supondo "remanejamentos, adaptações necessárias e práticas renovadas a eles associadas".[5] Basta citar, nos dias que correm, o sucesso de vendas dos manuais de etiqueta, que difundem as representações

---

[3] ELIAS, 1994, p. 68.
[4] CHARTIER, 1994, p. 53.
[5] REVEL, 1991, p. 175.
[6] CHARTIER, 1991, p. 53.
[7] A tradução desse trecho é apresentada pelo próprio ELIAS, 1994, p. 69.

de nosso padrão de polidez, de decoro e repugnância, além de nos ajudar a marcar as nossas diferenças. Não podemos esquecer que o tratado foi composto justo na transição da sociedade feudal para as monarquias absolutas. A ampla circulação de um livro escrito em latim confirma, sobremodo, a fragilidade dos *habitus* nacionais.

O sucesso desses manuais aponta para o amadurecimento das condições sociais e das estruturas para a recepção da elite leitora, já pronta para investimentos simbólicos e afetivos na autoridade do rei. Ou melhor, os jovens alunos já estavam preparados para seguir os padrões estabelecidos pelo governo absoluto. A importância do tratado de Erasmo é um sintoma das mudanças dos processos sociais em curso, e não foi por acaso dedicado ao filho de um príncipe.

> Ao mesmo tempo tradução de comportamentos já transformados e definição de um ideal novo, o livro de Erasmo indica bem as exigências de um tempo em que as regras tradicionais da vida cavalheiresca recuam progressivamente diante dos imperativos novos de uma vida social mais densa, de uma dependência mais cerrada dos homens nas relações uns com os outros. Daí suas diferenças profundas com as continências medievais à mesa, centradas sobre uma única prática social (a refeição) e destinada sobretudo aos adultos do meio cavalheiresco.[6]

Do ponto de vista da organização pedagógica, o tratado propõe a observação de todas as minúcias que envolvem as operações do decoro corporal, percorrendo o controle dos gestos e expressão faciais, passando pelas maneiras de fazer as refeições, de se dirigir aos outros e de se vestir. Elias nos chama a atenção para o fato de o texto fazer referências à naturalidade de atitudes hoje tidas como bárbaras ou incivilizadas como pegar a comida com as mãos, não reprimir a saída dos "ventos" ou dos "sons naturais", assoar o nariz no boné ou no casaco, conter o vômito em público, entre outros detalhes da intimidade que nos fazem corar e reprimir o riso.

---

[8] MANSON, 1993, pp. 35-38.
[9] CHARTIER, 2004, p. 54.

Isso prova que os padrões de vergonha que estruturam a nossa personalidade são funções sociais modeladas de acordo com as estruturas sociais. Por outro lado, o texto discorre sobre censuras a comportamentos que a nós não causariam o menor mal-estar. Por exemplo, a grande preocupação com o que poderia se esconder por trás do olhar:

> ... o olhar esbugalhado é sinal de estupidez, o olhar fixo sinal de inércia; o olhar dos que têm inclinação para a ira é cortante demais; é vivo e eloquente o dos impudicos; se seu olhar demonstra uma mente plácida e afabilidade respeitosa, isto é o melhor. Não é por acaso que os antigos dizem: os olhos são o espelho da alma.[7]

Erasmo gostaria que os usos das regras de civilidade previstas no seu manual fossem além das exigências da vida social e tocassem as disposições da alma.[8] O filósofo pretendia fazer o seu livro falar. Os princípios gerais apresentados no manual nada significariam se a experiência não lhes permitisse conhecer sua aplicação. Para Erasmo, tratava-se de agir no íntimo dos leitores, fazer com que os conselhos tocassem a estrutura de suas emoções, por meio da simplicidade persuasiva e da precisão racional na apresentação e na aplicação das regras. O texto erasmiano aposta na equivalência entre a aparência e as forças que orientam a ação, "o visível e o invisível, o exterior e o íntimo, o social e o individual.[9] Daí tornar-se bastante ilustrativo de uma etapa do processo de civilização, que também é um longo percurso de formação das sensibilidades.

As forças motivadoras da civilização, não podemos perder de vista, originam-se no modo como as pessoas ligam-se umas às outras formando estruturas sociais ou figurações. O gosto, a sensibilidade e o pensamento ocidental resultam, então, de todas essas curvas de desenvolvimento civilizatório.

Vejamos outro interessante trecho erasmiano sobre os

---

[10] ELIAS, 2004, p. 148-149.
[11] ELIAS, 1993, p. 202.
[12] 1993, p. 194.
[13] ELIAS, 1994, p. 142.

usos do lenço para uma boa expectoração, citado por Norbert Elias:[10]

> Assoar o nariz no chapéu ou na roupa é grosseiro, e fazê-lo com o braço ou cotovelo é coisa de mercador". Tampouco é muito mais educado usar a mão, se imediatamente limpa a meleca na roupa. O correto é limpar as narinas com um lenço e fazer isso enquanto se vira, se as pessoas mais respeitáveis estiverem presentes.
>
> Se alguma coisa cai no chão enquanto se assoa o nariz, deve-se imediatamente pisá-la com o pé.
>
> (Dos escólios a respeito dessa passagem:)
>
> Entre a meleca e o escarro há pouca diferença, exceto que o primeiro fluído deve ser interpretado como mais grosso e o segundo como mais sujo. Os autores latinos confundem constantemente o babador, o guardanapo, ou qualquer pedaço de linho com o lenço.

Erasmo nunca perdeu de vista as finalidades didáticas de seus livros. Em 1522, o filósofo publicara um outro manual escolar igualmente de grande sucesso em várias edições intitulado *Colóquios familiares, destinados não só a aprimorar a língua dos jovens, mas também a educá-los para a vida*, no qual aliava o aprendizado da escrita – que eram os exercícios de estilo na tradição latina – à preparação moral dos meninos para a entrada na vida. Dedicado ao filho do editor, um garoto de seis ou sete anos, esse livro ilustra muito bem o desenrolar do processo. Fala abertamente aos jovens leitores sobre as relações entre um homem e uma mulher, sobre namoro, virgindade e concepção, até mesmo cita uma conversa entre um rapaz e uma prostituta.

Três séculos depois, o conteúdo dos *Colóquios* já não seria apropriado aos olhares juvenis, em função dos novos padrões de regulação dos comportamentos e de uma maior autocontenção das pulsões. No século XIX, o livro escolar de Erasmo tornava-se inadequado para seus objetivos pedagógicos, portanto passava a ser motivo de indignação dos educadores, que logo censuraram-no, classificando-o como imoral. Naquele momento, já havia uma clara distinção entre

---
[14] MANSON, 1994.

[15] Veja-se o trabalho de Roger Chartier sobre as leituras populares no

o universo simbólico infantil, com seus sistemas de permissões e proibições, e a esfera social dos adultos. As idades da vida já haviam sido demarcadas, bem com tudo o que fosse apropriado à infância e à juventude. As razões da censura devem-se, enfim, à historicidade da civilização e ao fato de que a estabilidade e os estágios de controle dos sentimentos correspondem à estrutura das relações sociais, que mudam com o tempo e já eram bem diferentes nesses anos de mil e oitocentos da época do lançamento dos *Colóquios*. A educação sentimental descreve um sentido, seja na pequena duração de uma biografia, seja na longa duração de séculos de história. Ela age como uma estação de retransmissão dos padrões sociais e os adultos acabam desempenhando importante função simbólica mediadora. Ou como diz Elias,[11]

> Em parte automaticamente, e até certo ponto através da conduta e dos hábitos, os adultos induzem modelos de comportamento correspondentes nas crianças. Desde o começo da mocidade, o indivíduo é treinado no autocontrole e no espírito de previsão dos resultados dos seus atos, de que precisará para desempenhar funções adultas. Esse autocontrole é instilado tão profundamente desde essa tenra idade que, como se fosse uma estação de retransmissão de padrões sociais, desenvolve-se nele uma auto-supervisão automática de paixões, um "superego" mais diferenciado e estável e uma parte dos impulsos emocionais e inclinações afetivas sai por completo do alcance direto do nível da consciência.

A função simbólica mediadora dos adultos também descreve uma ordem. Os jovens leitores produzidos pelos manuais de civilidade não poderiam ficar imóveis frente ao movimento de mudanças em processo na civilização. Alguém os haveria de coagir? É certo que as crianças se encontram em situação de dependência social em relação aos pais e aos mestres. Mas, observa Norbert Elias,[12] a civilização não é simplesmente um produto da razão humana ou o resultado de uma ação pedagógica calculada por um indivíduo isolado ou por uma consciência coletiva a longo prazo, no correr

antigo regime *Estratégias editoriais e leituras populares* (1530-1660). In: CHARTIER, 2004.

de séculos. Para que a família burguesa dos séculos XIX e XX tirasse proveito das regras dos manuais e fosse chamada a intervir no trabalho de definição de um gênero de textos que regula o comportamento infantil e que faz da leitura um rito de conversão das técnicas do controle em autocontrole, foi antes necessário que os estratos mais elevados na hierarquia social das cortes absolutistas impusessem um rigoroso cerco aos impulsos e emoções de seus súditos e dependentes. Somente mais tarde, no momento em que a burguesia torna-se classe governante e, com isso, configuram-se novas modalidades de entrelaçamento social, nas quais as pessoas estão mais próximas umas das outras e mais relaxada fica a hierarquia da sociedade, é que,

> ... a família vem a ser a única – ou, para ser mais exato, a principal e dominante – instituição com a função de instilar controle dos impulsos. Só então a dependência da criança frente aos pais torna-se particularmente importante como alavanca para a regulação e a modelagem socialmente requeridas, dos impulsos e das emoções.[15]

Antes que as crianças pudessem praticar um autocontrole automático decorrente da regulação familiar do exercício de suas liberdades, mesmo no momento em que se encontrassem sozinhas brincando ou lendo os seus livros, foi necessário muito fausto, muito desperdício e muita ostentação da vida coletiva adulta e todo um ritual das etiquetas que requeriam uma vigilância permanente de todos sobre todos no conjunto das relações sociais do antigo regime. Foi necessário que uma esfera do privado fosse separada da existência social, a intimidade do teatro da vida pública, e que, com isso, novas ligações de dependência recíprocas fossem se instituindo e transformando de modo definitivo a economia psíquica de homens, mulheres e crianças ocidentais.

Os manuais de civilidade do antigo regime também estavam fortemente vinculados aos duelos espirituais, ao debate que se travava no seio do cristianismo entre católicos

[16] REVEL, 1991, p. 172-173.
[17] CHARTIER, 2004, p. 56-58.
[18] CHARTIER, 2004, p. 45-89.

e reformados. Pode-se até afirmar, seguindo Michel Manson,[14] que teorizavam uma cristianização da civilidade. Nem assim Erasmo perdeu a oportunidade de fazer críticas à Igreja. Seus *Colóquios* não perdoaram os intelectuais católicos e protestantes, muito menos as ordens religiosas. Por isso, apesar de todo o sucesso, foram inscritos no Index, suspeitos de heresia.

Muitos livros do humanismo foram parar na fogueira em nome das paixões religiosas, mas a importância da obra pedagógica de Jean-Baptiste de La Salle, publicada em 1703, *Regras de convivência e de civilidade cristã dividida em duas partes para uso das escolas cristãs*, é a mais contundente prova das reviravoltas na trajetória dos significados da civilidade. As regras lassalianas também previam a observação da autodisciplina infantil e da vigilância dos adultos, ensinavam as maneiras corretas de assoar o nariz, de tossir e de espirrar, ofereciam conselhos sobre boas maneiras e comedimentos; contudo, sua aposta maior consistia em aliar a civilidade às penitências escolares, ao respeito aos mais velhos, à piedade e à caridade como práticas que homenageassem a Deus. A Igreja católica demonstrava todo o seu alcance de guia espiritual e condutora da vida social. A civilidade, na nova acepção, devia afastar-se das conveniências sociais e identificar-se às leis de Deus, visto que cada homem possuía um Deus dentro de si. A leitura do Evangelho tornava-se, desse modo, uma marca de distinção social.

Os princípios da sociedade estão presentes em todas essas obras. Nelas, a leitura é, por si só, um convite à ação. Os bons e os maus comportamentos previstos nas regras de civilidade indicam os bons e os maus usos dos livros que as veiculam. Certamente as classes inferiores do antigo regime, os camponeses miseráveis que viviam vergados sob o peso dos altos impostos, os mendigos e os vagabundos que perambulavam pelos hospícios e pelas ruas das cidades não participavam do universo da civilidade. Eram outros os impressos que circulavam no seu meio social.[15] Para a maioria deles, os manuais escritos em latim eram incompreensíveis,

---

[19] ZSCHIRNT, 2005, p. 273.

[20] ELIAS, 1993, p. 203.

[21] DARNTON, 2004, pp. 25-35.

quando não totalmente desconhecidos. O disciplinamento das condutas realiza-se na produção da cultura impressa, através dos textos e dos livros, não podemos esquecer.

A partir do século XVII, o conceito de civilidade foi perdendo o caráter da moralidade universal anunciado na obra de Erasmo. Como diz Jacques Revel,[16] *Da civilidade em crianças* dirigia-se indistintamente a todas as crianças. Os modelos de comportamento prescritos por Erasmo deviam ser válidos para o maior número de pessoas. Tão logo publicada, *Da civilidade em crianças* tornou-se um bem comum, descrevendo um percurso bem diferente dos textos católicos da Idade Média e dos manuais de etiqueta cortesã ainda por vir.

Os tratados de polidez mundana que passaram a circular na França a partir da primeira metade do século XVII apresentavam duas novidades: (a) originavam-se dos modelos italianos, e as referências eram os livros *Galateu*, de Giovanni della Casa, *O cortesão*, de Castiglione, e *La civil conversatione* de Guazzo; (b) visavam regular as condutas da nobreza, uma ordem particular, na posição social da corte.[17]

Na nova figuração, a civilidade passa a encerrar-se nos círculos dos nobres cortesãos, significando polidez mundana,[18] funcionando através dos exercícios de ostentação e refinamento. As regras de conduta se "psicologizam", a vida passa a ser palco de uma arte bem cortesã – a contínua e mútua observação. Não é de estranhar a obsessão dos reis e dos nobres pelos retratos.

Esperava-se que um nobre fosse admoestado pelas exigências do mundo, agradasse aos olhares de seus pares e seguisse todas as convenções de seu tempo. A partir daí, as cortes monárquicas tornaram-se tão didáticas quanto os livros, irradiaram estilos de vida para as outras camadas da

[22] ELIAS, 1993, p. 226.
[23] CHARTIER, 1991, p. 166.

sociedade, provocaram cobiça e desejos secretos de imitação, tornaram-se verdadeiras escolas de maneiras.

O livro de Baldassare Castiglione, *O cortesão*, foi escrito sob a forma de diálogos. Dezenove homens e mulheres da corte de Urbino conversavam sobre o molde do perfeito fidalgo. Nesse enredo, a mais importante regra é a que observa a representação dos comportamentos. Na corte, a autodisciplina reveste a cena pública de uma aparência espontânea produzindo uma impressão de naturalidade. Todo homem bem-nascido deve ser um observador contínuo, de si mesmo e dos outros, e não pode deixar de prever os efeitos de suas ações. O perfeito cortesão era, conforme Cristiane Zschirnt,[19] ator e diretor em uma mesma pessoa. Desse modo, o gosto pelas narrativas dialogadas que orientam os livros de civilidade, a prática dos deveres de estilo, o cuidado com os usos dos gestos e das palavras, todas as experiências da intimidade, levavam os leitores do antigo regime à entrada num lento percurso de afirmação da individualidade. O que nos leva a crer que toda essa literatura pedagógica do século XVI desempenhou importante papel na longa formação cultural da leitura no ocidente.

Abria-se um tempo no qual o universo das crianças reais era marcado pela presença dos célebres preceptores, que a elas destinavam livros de etiqueta e instrução. Em 1699, o educador François de Salignac de la Motte Fènelon – notável por ter dedicado o livro *A educação das meninas* às filhas da duquesa de Beauviller – destinou ao jovem duque de Bourgogne um livro de narrativas mitológicas, que dava continuidade à *Odisseia*, intitulado *As aventuras de Télémaque, o filho de Ulisses*.

O sucesso dos tratados ortopédicos pode indicar o reconhecimento dos leitores ao regime dos poderes absolutos. Afinal, a dinâmica da vida social na sociedade do antigo regime, entre os séculos XVII e XVIII, e no microcosmo das cortes que a compunham, limitava os indivíduos às restrições de suas condutas pelas funções que se viam constrangidos a exercer nas redes de posições e atividades conjuntas. Isso traz algumas vantagens, a vida torna-se menos perigosa e mais estável, e não poucas renúncias, a vida torna-se menos emocionante e mais previsível, bem diferente dos padrões da sociedade medieval, em que os indivíduos, ao invés de controlar as suas paixões, eram por elas controlados.[20]

A rotina nos círculos das elites leitoras alicerçava-se nos mesmos princípios veiculados nos manuais: hierarquia, cerimônia e etiqueta. Nas reuniões de salão, os livros eram utilizados como assuntos para as conversas. Cópias manuscritas de contos de fadas de Charles Perrault tomavam parte nas reuniões e entretinham a nobreza nas noites de inverno através da modalidade oral da leitura. Pode-se até imaginar como ficava a participação dos leitores nos espetáculos de representação da leitura dos livros – encantados com a moralidade das histórias narradas, convencidos da eficácia das prescrições, mesmo dos defeitos e das falhas.

Muitos desses livros são narrativas sobre a aprendizagem da leitura e, portanto, oferecem verdadeiras teorias da recepção. Aqueles que faziam críticas à aristocracia, intrigas com a vida na corte e ousavam pensar a civilização em negativo podiam estar, como defende Robert Darnton,[21] na base da desestabilização do antigo regime.

> O aumento do número de livros numa sociedade constitui bom sinal de um avanço pronunciado no processo civilizador, porque sempre são consideráveis a transformação e regulação de paixões necessária tanto para escrevê-los quanto para lê-los.[22]

O processo de civilização é um movimento que absorve o conjunto dos indivíduos de uma sociedade, levando-os à incorporação e à apreensão, nem sempre conscientes e voluntárias, das estruturas sociais objetivas que, por sua vez, encontram formas de expressão nas estruturas mentais, no autocontrole, na autodisciplina do corpo e nos mecanismos interiores de exercer a censura das maneiras e condutas. Muito apropriadamente, Roger Chartier[23] alerta que a civilidade deve

> submeter as emoções, frear os afetos, dissimular os movimentos da alma e do coração. A racionalidade que a domina proporcionaliza cada conduta à relação em que se inscreve e ajusta cada comportamento ao efeito que deveria produzir.

A civilidade é, antes de tudo, uma arte sempre controlada da representação de si mesmo para os outros. "Um modo estritamente regulamentado de se mostrar a identidade que se deseja ver reconhecida", observa ainda o historiador Roger Chartier.

Os artifícios de que lança mão aproximam-se dos princípios da magia, uma vez que a civilidade, também a arte de iludir, é a mesma arte de representar, surpreender, embasbacar o próximo.

## CAPÍTULO III

# ETIQUETA E DOMINAÇÃO

> *Só com o auxílio de investigações comparativas, empenhadas também na compreensão de estruturas de poder e escala de valores que acabaram perdendo o sentido, podemos ter esperança de chegar a uma imagem clara das estruturas de poder e escala de valor com possibilidade de maior duração e constância.*
>
> Norbert Elias

Para os que se iniciam na leitura de Norbert Elias, o ponto de partida recomendável ao entendimento de sua formulação conceitual é considerar as relações entre as formas de pensamento e a estrutura da sociedade. O processo de civilização é formado por essas duas dimensões. O próprio Estado é uma instituição exigida pela organização dos indivíduos, que, mesmo sendo dependentes uns dos outros, encontram margens de relativa autonomia na esfera de suas ações. Indivíduos autorregulados, mais diferenciados e especializados nas suas tarefas, não precisam mais guerrear entre si e tornam-se capazes de garantir instâncias necessárias ao controle legítimo dos conflitos e da violência.

Para Norbert Elias, o monopólio estatal dos tributos e dos usos das armas está na origem da formação de uma sociedade de corte. A interdependência específica formada pelos indivíduos no microcosmo social da corte e a construção do Estado absolutista traduzem um duplo poder de coerção do soberano: o monopólio fiscal e a monopolização da violência legítima. Esta última obriga os indivíduos a gerir melhor suas emoções e seus afetos e consequentemente propicia uma pacificação do espaço social. No jogo equilibrado por tensões entre grupos concorrentes pela dominação, por exemplo, entre a burguesia burocrata e a aristocracia, o príncipe conquista uma autonomia aos olhos da nobreza, que, por sua vez, torna-se mais dependente do monarca.

Nas sociedades modernas o campo de batalha é transportado para dentro dos indivíduos, o que quer dizer que o movimento de civilização orienta-se ao mesmo tempo para o autocontrole e para a diferenciação das funções sociais.

Para a compreensão do processo, outro ponto a considerar é o auxílio aos modelos de figuração. De acordo com Norbert Elias, somente usufruindo desse recurso analítico é que se pode verificar o espaço de decisão de um indivíduo inscrito em uma rede de pressões, como o poder absoluto de que é dotado por sua posição social um único homem, o rei, a margem de sua autonomia e a estratégia individual de suas tendências de comportamento. Elias se pergunta de que modo são formadas as posições de poder, uma vez que a corte, por exemplo, a de Versailles do rei Luís XIV, não é exatamente regida por um líder carismático. O monarca equilibra-se sobre o sistema de tensões e disputas entre os grupos que o apoiam, situação mantida às custas de uma etiqueta rigorosa, que fixa posições hierárquicas e funciona como dispositivo de regulação das disputas.[1] Uma posição e os efeitos de crença que enseja naqueles que dela estão despojados depende de sua representação.

Quais exigências eram impostas ou transmitidas para que um indivíduo pudesse se manter ou prosperar na corte? Qual a função de um rei?

Para conservar o seu lugar, um indivíduo precisava, antes de tudo, adequar-se a uma sociedade regida por preceitos de um controle mais direto. A separação entre o mundo privado e as funções públicas, por exemplo, era quase inexistente.

---

[1] HEINICH, 1991.
[2] ELIAS, 1993, p. 225.

Os assuntos de governo misturavam-se ao jogo das alianças, das amizades e inimizades, das rivalidades familiares. Cada um esmerava-se no cumprimento dos seus deveres de representação. Havia verdadeira vigilância psicológica de uns sobre os outros. Desse modo, os círculos de corte formavam um sistema equilibrado por tensões.

A espada medieval foi substituída pelos torneios verbais e pelas intrigas. O inferno da corte traduzia-se na intensa competição por prestígio e pelo favor real. Os cortesãos, indivíduos que aprendiam cedo a abafar suas paixões, contraíam alianças e buscavam defesa e proteção nas *coteries*, que eram grupos de mútuo apoio altamente instáveis. Nelas os laços de amizade eram tão fáceis de atar quanto de desatar.

> A vida nesse círculo não era, de maneira alguma, pacífica. Um número muito grande de pessoas dependia continuamente de outras. Era intensa a competição por prestígio e pelo favor real. *Affaires*, disputas sobre a precedência e o favor jamais cessavam.[2]

Elias conclui que o exercício do poder do rei era altamente regulado, portanto limitado pelas cadeias de convivência mútua; a liberdade de ação do soberano estava sujeita às constantes ameaças. Ele precisava permanecer atento ao que se passava no seu palácio. Por isso, o rei era o grande promotor de intrigas, porque estimulava as concorrências dissimuladas e as lutas intestinas por reconhecimento, *status* e prestígio na vida social dos cortesãos. Esse era o instrumento de sua dominação, a força que favorecia o medo e a obediência à sua imagem. Afinal, todos buscavam assegurar a sua posição. Porém, o próprio monarca não escapava das artimanhas e das sutilezas do jogo: era um prisioneiro dos cerimoniais e da etiqueta, submisso às formalidades; só assim assegurava a distância necessária em relação ao seu principal concorrente na dominação, a burguesia dos oficiais.

A etiqueta foi, portanto, a lógica que regeu essa formação social. Elias verificou ainda as estreitas correspondências entre

---
[3] ELIAS, 1993, p. 50.

as posições prescritas pela figuração da corte e a estrutura psíquica de uma pessoa que se desenvolvesse na posição de monarca. Ele observou as convergências e divergências entre o *habitus* de um indivíduo disposto à concentração do poder e à lógica social da corte. Luís XIV, o Rei Sol, foi um personagem que logrou manter em consonância, por meio da representação do poder e do cerimonial da etiqueta, suas inclinações individuais e as condições da posição de rei. Nem o ocupante do trono independia da posição, nem a posição podia estar livre do ocupante do trono.[3]

Os cortesãos tinham uma marcada compulsão para representar o bom gosto, e tudo o que se revestisse de valor literário e artístico era decidido no círculo da nobreza. Uma ilustração dessa dinâmica foi a economia do desperdício, na qual o consumo de bens não era de forma alguma guiado pela utilidade; apenas servia para a ostentação e a garantia de prestígio. Nessa economia, muitas famílias arruinavam-se.

A vida dissimulada de corte lembra a história da *Roupa nova do imperador*, o clássico conto de fadas de Hans Christian Andersen traduzido para as crianças brasileiras em fins do século XIX pelo escritor fluminense Figueiredo Pimentel. Havia um monarca que gostava muito de se exibir com roupas novas. Aparecem no reino dois pelintras que se dizem costureiros, e logo o imperador os contrata para lhe coser uma roupa que usaria no dia do desfile real. Os dois pegam todo o dinheiro e, no lugar de trabalhar, fingem tecer com finas linhas de ouro uma roupa invisível a quem não desempenhasse bem suas funções. Primeiro, os funcionários da corte, depois o primeiro-ministro e vários fidalgos resolvem conferir o andamento da costura. Olham, olham, nada veem, uma vez que nada há, porém fingem ver a nova roupa do imperador. A partir daí, toda a corte passa a crer no que não se vê. Até que chega o dia da procissão, e o imperador desfila em fraldas, o povo gritando vivas à roupa nova. Surge, da multidão, um garoto que exclama: "Mas o imperador não traz roupa nenhuma. Ele está nu". Era tarde, e nada se podia

---

[3] ELIAS, 2001, p. 43

fazer, então a fantasmagoria foi levada adiante.

Moral da história: nada se via porque não havia, mas por isso mesmo é que se acreditava. Existe algo mais feliz para definir os efeitos mágicos da representação do comportamento na vida de corte?

Os atos da representação são os momentos e os lugares em que o poder assume toda a sua teatralidade. As histórias infantis dos contos de fadas ilustram muito bem essa prática teatral do poder e da dominação absolutista.

Ora, a sociedade de corte não podia existir fora dos indivíduos que a constituíam. Da rainha às suas damas de honra, do rei ao seu camareiro,[4] dos conselheiros aos escribas, todos estavam submetidos a uma mesma dinâmica de reciprocidade. Na corte, as distâncias sociais conviviam com a proximidade física.

Só assim, ficamos sabendo por que os homens e as mulheres do passado atribuíam tanto significado às tradições cerimoniais e às etiquetas, ao comportamento formalizado e às boas maneiras. As tradições cerimoniais e as etiquetas constituíam importantes instrumentos de dominação e distribuição de poder, além de modelos do autocontrole.

Eram muitos os custos a pagar pela entrada na civilização. O primeiro era a renúncia às satisfações imediatas. Perde-se em espontaneidade e ganha-se em previsibilidade e autodeterminação. A civilização não poderia ter sido inteiramente indolor, por isso foi deixando cicatrizes pelos longos séculos de sua passagem.[5] No curso do movimento encontram-se modos de classificação e sistemas de julgamento para os indivíduos considerados mal-sucedidos em relação aos padrões de conduta e ao contexto das funções sociais adultas.

No final das contas, o que aconteceria a uma pessoa caso sua autenticidade se apresentasse incompatível com a lógica do agrupamento no qual ela estivesse inscrita? O que aconteceria a uma pessoa se ela simplesmente desistisse?

---

[5] ELIAS, 1993, p. 205.

Essas questões remetem ao processo individual de civilização e são objeto de reflexão do livro *Mozart, sociologia de um gênio*.

## Segunda parte

| CAPÍTULO IV

# A Sociologia de Mozart

> *Já apontei, de passagem, que uma das peculiaridades do artista não-cortesão, "autônomo", é uma combinação do livre fluxo de fantasia com a capacidade de controle através da auto-restrição individual, através de uma consciência altamente desenvolvida. Mais precisamente: fluxos-fantasia e impulsos de consciência não são meramente reconciliados no interior da estrutura de uma atividade artística, eles são efetivamente fundidos. Isto está no âmago do que chamamos de "gênio artístico".*
>
> Norbert Elias

Nas reflexões sociológicas sobre a vida do músico Wolfgang Amadeus Mozart (1756-1791) Norbert Elias buscou compreender a experiência social do artista burguês na corte aristocrática. Na verdade, Elias acabou por fazer uma Sociologia da singularidade, transpondo para a escala de uma biografia o problema maior das restrições às quais se submetem os indivíduos no processo de civilização. Podemos afirmar que o livro gira em torno da alteridade do artista, do estatuto do gênio criador que, ao produzir a sua singularidade, prepara ele mesmo a sua recepção. Da leitura de *Mozart, sociologia de um gênio* tiramos bom proveito para a compreensão da individualidade em outras esferas da criação, como na Literatura. A discussão sobre o estatuto do homem de letras, marcado pelo conflito entre a afirmação privada de um "nome próprio" e o convívio entre os pares, que nada mais é do que uma tensão entre autoria (eu individual) e civilidade (laço social) no esforço do reconhecimento público, assim como as demais controvérsias no emprego da definição de escritor, encontram boa chance de ser elucidadas por mais essa leitura de Norbert Elias.

No prefácio ao livro *Le Génie: histoire d'une notion de l'antiquité à la renaissance*, de Edgar Zilsel, a socióloga francesa Nathalie Heinich, estudiosa da obra de Elias, faz uma afirmação que de tão pertinente torna-se provocadora: as ciências sociais não devotam muito amor à singularidade. Para a autora, as posturas analíticas de cientistas sociais frente ao problema das figuras da singularidade no mundo social se empenham em demonstrar a compreensão da verdade individual pela lógica do agrupamento, o princípio de desvendamento que permite o acesso ao individualismo considerado como sinônimo de ilusão. Há ainda uma outra postura que é a dos sociólogos militantes da autenticidade da pessoa, aqueles que cultivam um estilo mais derramado em elogios à grandeza e ao inusitado do gênio. Uns fazem do social ideologia a defender, e outros, o mesmo das qualidades da pessoa. Uns são chamados de redutores, os outros, de ingênuos. Norbert Elias escapa a essa tipologia intelectual. No livro *Mozart, sociologia de um gênio*, não há nenhum empenho do autor em dessingularizar o artista ou em se posicionar a favor de determinações ou de uma última instância de explicação do social. Acontece que, como bem argumenta Nathalie Heinich em seu primoroso texto, existem formas estruturadas da singularidade, que podem ser objeto de construções relativamente duráveis e compartilhadas – aquelas dos santos, dos gênios e dos heróis.

O cerne da análise do livro de Norbert Elias articula a genialidade do artista às redes de pressões sociais. Elias busca os motivos da profunda tristeza e do marcado ressentimento do músico. Encontra-os em uma série de constrangimentos, que, de um modo ou de outro, possibilitaram o "fenômeno" Mozart.

Mozart faleceu aos trinta e cinco anos de idade, com

a sensação de que sua vida fora um fracasso. Muito cedo sentiu-se derrotado. A doença que o vitimou não foi mais fatal que o vazio sentido nos últimos anos.

O gênio Wolfgang Amadeus Mozart obteve fama no mundo, mas não conseguiu sair da posição de inferioridade na sua corte natal, um pequeno Estado absolutista governado pelo conde de Colloredo, o arcebispo de Salzburgo.

O homem Mozart enfrentou muitos problemas. O principal deles foi a dependência dos músicos de sua época com relação à aristocracia cortesã. O bom gosto da nobreza se impunha para toda a sociedade. Essa camada social cumpria ao mesmo tempo a função de patrona e audiência para a música de concerto. Os príncipes procuravam os artistas para figurar em suas orquestras, nos teatros e nas igrejas, e, levado por essa condição, Mozart trabalhou como serviçal do príncipe-bispo da acanhada corte de Salzburgo. É bom lembrar que, em qualquer corte principesca, os músicos eram "o que se chamava, um tanto pejorativamente, de criados de libré",[1] figuras tão indispensáveis quanto os pasteleiros, os cozinheiros e as damas de companhia.

A dinâmica do conflito entre a realidade do artista cortesão e o sonho de tornar-se um artista autônomo esteve presente por todo o destino social do músico. Um mar de emoções se interpunha entre a consciência do posto ocupado e o desejo de ganhar a vida de modo regular. Essa realidade gerou muitos sofrimentos e insatisfações a Mozart; paradoxalmente contribuiu para o seu fracasso social e influenciou a escrita de suas belas óperas.

Logo no início do livro, o leitor é advertido sobre a discrepância entre a vida do músico quando vista na perspectiva do "ele", que foi, sem sombra de dúvida, um artista genial, e a mesma vida cada vez mais sem significado, quando vista da perspectiva de um "eu" que não podia mais suportá-la.

Elias não seguiu o mesmo percurso de análise dos que elaboram a chamada "narrativa histórica", que concebe uma

[1] ELIAS, 1995, p. 18.
[2] Por fatos rotineiros e curiosos entendo a escrita do rol de novidades

vida por meio de sequências coerentes e orientadas entre fatos rotineiros e curiosos.[2] Esse procedimento, ainda que marcado pelo estilo literário dos que sabem contar uma história, não cumpriria os objetivos a que se propunha o autor. Elias não cedeu às facilidades e às seduções daquilo que o sociólogo Pierre Bourdieu chamou de "ilusão biográfica".[3] Essa ilusão organiza a trajetória dos indivíduos em posições sucessivamente ocupadas – na história de vida, os acontecimentos são narrados em sucessão –, como se os espaços pelos quais se desenrola uma vida não estivessem em constante luta e transformação. Para Bourdieu – e Elias –, a existência social é comparável a um jogo de forças, no qual os indivíduos relacionados através de disputas e concorrências vão ocupando posições antagônicas e, assim, definindo as partidas.[4] O princípio que confere unidade às práticas e às representações deve ser buscado nas noções de campo e *habitus*,[5] mesmo se esse princípio for utilizado na leitura dos documentos.

Na mesma perspectiva, Elias preferiu lançar mão de um modelo teórico capaz de dar conta da figuração que o artista formava nas ligações que ia contraindo com os que passavam pela sua vida. Ele relacionou a pessoa comum do artista aos outros mortais com os quais se encontrava em relação funcional, como Leopold Mozart – o pai e principal responsável pela educação musical do filho, além de desempenhar as funções de empresário, médico e guia de viagem –, o nobre e irascível bispo de Salzburgo, a quem Wolfgang prestava serviço e com quem rompera num arroubo de coragem, e Contanze, a esposa que o rejeitou. Esses indivíduos estavam

---

"achadas" nos arquivos que, anacronicamente, cumprem a equivocada função de nos provocar admiração, riso ou choro.

[3] BOURDIEU, 1994, p. 81-89.

[4] Uma comparação entre a estrutura social e o jogo de xadrez, jogo do campo de forças, também pode ser encontrada no livro *Introdução à sociologia* (1980), de Norbert Elias.

[5] Para os que desejam se iniciar na sociologia de Pierre Bourdieu sugiro a leitura do livro *Bourdieu e a educação* (2004), da mesma coleção.

[6] ELIAS, 1995, p. 19.

[7] ELIAS, 1995, p. 98.

presos uns aos outros, determinavam-se mutuamente, modelavam entre si suas personalidades. Por mais diversas que pudessem ser as condutas e os sentimentos de cada um, eles formavam uma teia de relações na vida de Mozart.

Foi nessa teia que o músico respondeu ao conflito com as normas sociais, a expressá-lo através de uma dupla revolta, social e familiar, contra o pai-empresário e contra o príncipe-patrão. Tanto seu comportamento quanto sua música foram influenciados pelas pressões organizadas no interior da teia-figuração.

Afinal, se a história é uma escrita, a Sociologia é a urdidura da trama.

> Só dentro da estrutura de tal modelo é que se pode discernir o que uma pessoa como Mozart, envolvida por tal sociedade, era capaz de fazer enquanto indivíduo, e o que – não importa sua força, grandeza ou singularidade – não era capaz de fazer.[6]

O jovem Wolfgang jamais assimilou as regras da etiqueta, tampouco apreciava as bajulações, e muito menos as artes da representação. Seu comportamento era meio bufão, e sua aparência deselegante, por vezes, tornava-o um pouco infantil. Habituado aos círculos da corte, o músico detestava os rodeios de linguagem usados nas conversações entre os cavalheiros, como os circunlóquios e os eufemismos. Nas piadas que apreciava contar, preferia usar as metáforas relativas a excrementos e, com isso, o gênio ofendia as pessoas educadas. "Quando não tinha nada para dizer, inventava histórias cômicas, engraçadas e absurdas".[7]

A rudeza do estilo pessoal contrastava com a sofisticação de suas composições, com o grande domínio que tinha sobre as formas musicais. Seu pai, também músico, ensinou-o a tocar piano quando o menino tinha por volta de três anos de idade. Na companhia do pai, desde cedo partia em viagens de apresentação em solenes concertos. Entretinha os nobres como uma criança prodígio – apesar de não ter frequentado a

[8] ELIAS, 1995, p. 55.

[9] ELIAS, 1995, p. 32-44.

[10] Sobre o processo de autonomização da Literatura, ver BOURDIEU,

escola, estudou línguas e cresceu versado em conhecimentos culturais. O músico virtuoso e compositor exigente, porém, era o mesmo depressivo e derrotado Wolfgang. Essa figura paradoxal impunha desafios à análise biográfica:[8]

> A questão é como alguém provido de todas as necessidades animais de um ser humano comum podia produzir uma música que parecia, aos que a ouviam, desprovida de qualquer natureza animal. Esta música é caracterizada por termos como "profunda", "sensível", "sublime" ou "misteriosa" – parece fazer parte de um mundo diferente daquele da experiência comum, no qual a mera reunião de aspectos menos sublimes dos seres humanos tem um efeito degradante.

Mozart conheceu o sentido da ambivalência dos que vivem em dois mundos. A gênese de sua experiência educacional, a formação do *habitus* foi no círculo não cortesão de sua família, mas a sua carreira desenvolveu-se nos círculos cortesãos da nobreza. Os músicos serviçais formavam os estratos médios da sociedade de corte. Leopold Mozart cultuava as virtudes burguesas da disciplina e do trabalho incessante, mas sabia como ninguém bajular um príncipe e curvava-se com facilidade. Educou o filho segundo os padrões da polidez e do gosto musical da nobreza. A disposição de Leopold no interior do patronato de Salzburgo não oferecia alternativas. A única chance de ascensão social para esse pai foi jogar com o prodígio do filho, oferecer diversão com sua música e acompanhá-lo em grandes *tournées*. Leopold, então, passou a viver do "fenômeno" Mozart.

Mozart expressou o peso dessa configuração em uma revolta pessoal. Por isso, embora conhecesse sua posição socialmente subordinada aos aristocratas, demonstrava um ar de superioridade e desprezo ante os seus patrões. Mozart carregava dentro de si uma autovalorização que seguramente contribuiu para a construção do olhar de seus contemporâneos sobre sua genialidade. Nunca teve dúvidas de seu talento incomum, apesar de seu originalíssimo comportamento e seu leve censo de realidade da sua falta de autonomia. Desagradava-lhe o tratamento altaneiro que lhe era dispensado pelos nobres. Via-se, com tristeza, obrigado a frequentá-los e a pedir os seus favores. Ele gostaria, no entanto, de ser reconhecido justo por esses nobres que o desprezavam.

Nos anos de 1780, a tensão entre Mozart e o príncipe-bispo de Salzburgo assumiu a dimensão de um conflito aberto. Num ato de coragem decidiu pedir demissão de seu posto e partir para a corte mais avançada de Viena. Lá tinha relações, conhecimentos, era recebido com aplausos, e os convites, sempre pagos. Com a decisão de seguir o próprio caminho, nos diz Elias, o músico pôs em risco a posição subordinada do pai na corte de Salzburgo. O rompimento foi fatal. A emancipação das ordens do pai só se completaria definitivamente com o casamento, para o qual Leopold não lhe concedeu a permissão. A relação de Wolfgang com as mulheres não foi nem um pouco feliz.

Em Viena, entretanto, foram vãs as suas expectativas de mobilidade social, muito teve de esperar nas antecâmaras de damas e fidalgos influentes. A rede de dependências e subordinações apresentava-se a mesma.

Elias[9] nos fala que, na Alemanha do século XVIII, formava-se um público burguês interessado no consumo de livros. Existia uma espécie de mercado livre para os produtos literários e, dessa forma, pôde surgir a figura romântica do escritor autônomo.[10] Porém, na esfera da música, essa estrutura encontrava-se relativamente atrasada. Assim:

> A decisão de Mozart de se estabelecer como artista autônomo ocorreu numa época em que a estrutura social ainda não oferecia tal lugar para músicos ilustres. O mercado de música e suas instituições correspondentes estava apenas surgindo. A organização de concertos para um público pagante, e as atividades editoriais na venda de músicas de compositores conhecidos, mediante adiantamentos, se

1996.
[11] ELIAS, 1995, p. 32-33.

encontravam, na melhor das hipóteses, em seus estágios mais iniciais.[11]

O destino de Mozart não coincidiu com a existência de um mercado de consumidores anônimos capazes de apreciar sua música, pagar pelos ingressos de um concerto e, com isso, deixar o artista em paz em seu processo de criação para depois remunerá-lo pelo produto de seu trabalho. Na feliz expressão de Norbert Elias, Mozart foi um gênio antes da época dos gênios.

Para Mozart, escrever sua extraordinária música foi a via possível da autorregulação, um modo de enfrentar a permanente paralisia a que se via ameaçado pelo desequilíbrio entre as instâncias controladoras e suas pulsões. A música é o produto de seu modelo individual de civilização.

Os artistas, felizmente, conseguem dar forma ao material de suas fantasias, o que confere perenidade às obras e a constitui o melhor meio de tocar as sensibilidades de admiradores futuros, que eles nem sonhariam que pudessem existir.

Na perspectiva da análise adotada sobre a teoria do processo de civilização e seguindo a tradição de pesquisa aberta pelo estudo dos tratados de etiqueta do antigo regime passo, em seguida, a uma livre-apropriação do sistema de pensamento e dos modelos de interpretação de Norbert Elias. Discuto, a partir do caso brasileiro, o modo pelo qual a circulação de livros nos gêneros contos de fadas e civilidade veiculam normas e ensejam processos de interiorização dos constrangimentos que permitem o aprendizado da vida em grupo.

Trata-se de uma possível aplicação da teoria do autor em domínios de objeto que se inscrevem na longa duração da história das normas de comportamento e das apropriações dos objetos culturais nos processos de socialização e escolarização.

## CAPÍTULO V

# LIVRO, LEITURA E CIVILIDADE

> *Também as tintas tem tido as suas variantes; adote-se uma côr e guarde-se fidelidade a essa escolha.*
>
> *As tintas azul e roxa, são as mais elegantes mas, só a preta ou azul escuro são permitidas para as pessoas de respeito e nos papéis oficiais.*
>
> *As tintas vermelha e verde são proscritas pelo protocolo. Tinta dourada é ridícula; o lápis é incivil.*
>
> Carmem D'Ávila

Ao curso e ao final da leitura, os livros produzem efeitos e afetos. No universo da leitura solitária, os livros também podem funcionar como suportes de legitimidade da obediência. Entre a fruição do texto como brincadeira e diversão e a leitura como instrução, os manuais de boas maneiras destinados à educação infantil, com suas regras de bem viver e seus modelos de aprendizagem da vida societária, dotam o livro impresso da nova função de guia. Os livros são objetos preciosos no largo movimento de formação e interiorização da experiência do mundo, e a leitura é atividade bastante eficaz para a assimilação. Desse modo, os profissionais que participam da produção dos livros – a exemplo dos autores e dos editores – são peças-chave no processo de civilização. Quem difunde livros difunde ideias e valores, decide o que é permitido e o que é proibido existir, intervém na íntima estrutura das emoções formando sensibilidades.

Com a leitura de Norbert Elias, pode-se facilmente chegar a uma definição sociológica para os livros: são objetos cujas formas psicológicas ou estruturas da personalidade dos produtores e leitores encontram expressão nos contratos de leitura – que são laços sociais – reciprocamente estabelecidos entre eles. A partir daí, conhecemos mais uma função dos livros: a de utensílios culturais que melhor fazem o elo entre as estruturas mentais e as figurações sociais, entre a psicogênese e a sociogênese.

A razão última de um livro é a sua leitura. O circuito da significação no livro percorre cuidadosamente as etapas da produção – da escrita à venda, mas só se fecha com as apropriações que dele fazem os leitores, os quais, entre constrangimentos e liberdades, dotam-no de novos e insuspeitos sentidos. Entre a produção e o consumo cultural há estreitos vínculos. As figuras da escrita e da leitura, em boa medida, são o que as configurações objetivas fazem delas e caminham no sentido da determinação de seu lugar no processo de produção dos bens simbólicos. Em muitas experiências, os esquemas de apreciação e classificação de autores e leitores podem vir entrelaçados, como nos primeiros momentos da aventura impressa do conceito de civilidade. Lembremos o sucesso comercial do tratado *Da civilidade em crianças*, de Erasmo. O significado desse sucesso pode ser tributado à adesão apaixonada à prática da leitura. Não podemos esquecer o vigor e a longevidade do gênero erasmiano.

Uma Sociologia do livro, que o é também da leitura, não reduz as práticas e o sistema de representações culturais à medição do consumo segundo as desigualdades econômicas entre os leitores. O gosto pelos livros não se restringe à ordem da carência ou do excesso material de quem os lê. Se, por um lado, o parâmetro da desigualdade pode fundamentar as condições sociais de produção dos leitores, as competências e as necessidades do público, por outro, as representações mentais, no fim das contas, não são estruturas universais irredutíveis às condições objetivas. A exclusividade desse critério denuncia fôlego curto quanto aos matizes, negociações, jogos, brincadeiras e demais atribuições na experiência estética da fruição literária. O que dizer das inúmeras formas e relações com os textos nas situações concretas de leitura?

Mas a leitura não é uma atividade restrita aos automatismos da consciência a partir dos quais os produtores inculcariam facilmente modelos culturais. A leitura é, ao mesmo tempo, apropriação, identificação e criação. O espaço de recepção dos livros também pode instaurar práticas criativas.[1]

Os leitores, quando leem, representam o mundo social, pondo em funcionamento esquemas de compreensão, os quais, uma vez internalizados e expressos nas condutas e práticas, criam os instrumentos capazes de atribuir sentido ao mundo. O que importa são os princípios da diferenciação na rede contraditória das utilizações, isto é, o modo singular e coletivo pelo qual os leitores se apossam dos textos, dando lugar a práticas.

A lógica específica da dominação simbólica revestida no objeto livro funciona por meio das relações que põem em jogo tanto os dispositivos de legitimação e controle visados quanto as possibilidades de adesão ou enfrentamento ante o que é imposto. Os leitores, ainda que produzidos por um trabalho de socialização, que, ao cabo e ao resto, os faz dotados de esquemas de percepção e apreciação coincidentes com as intenções dispersas nos suportes, podem corresponder ou não aos autores e editores. Uma leitura não precisa ser literal, e nem todo texto precisa ser lido em função da figura do autor. Uma obra pode ser lida em função do repertório de leituras anteriores, de narrativas não escritas, visuais ou transmitidas. Sempre há quem, dominando as letras, ouça os livros. Há leitores de poucas letras e parcos recursos, que surpreendem por habilidades intelectuais insuspeitas. Há mesmo obras literárias cujos sentidos, porque indeterminados, escapam a qualquer leitura, inclusive as canônicas.

As experiências sociais, entre elas a leitura, inscrevem-se em modelos e normas compartilhadas. A leitura é uma ação que principalmente se efetiva a partir de convenções sociais que derivam das formas particulares a cada texto e a cada co-

[1] CHARTIER, 2001.

munidade de interpretação. As comunidades de interpretação, por sua vez, constituem o universo dos leitores. Esse universo comunga, em relação ao texto, de um mesmo conjunto de competências, usos e códigos de interesses.[2]

A voz pode fazer-se de livro, prática que, no Brasil do século XIX, por exemplo, Gilberto Freyre[3] situa como tendo se sobressaído numa fase auditiva anterior à ampliação da leitura visual. Mas não há livro sem haver texto ou imagem, e os autores e artistas não são os únicos que escrevem e desenham a forma material na qual seus textos podem se materializar. Se o livro é objeto intelectual produzido socialmente, autores escrevem textos manuscritos ou impressos que podem ou não, a depender das escolhas e decisões editoriais, assumir a forma livro. Textos e livros, todavia, só se realizam se e quando lidos.

Os livros literários, num determinado momento de sua história, assumem a função de suporte da civilidade, confundindo-se com os manuais de etiqueta e até com alguns modelos de compêndios escolares. Na verdade, se localizarmos a produção literária na trajetória descrita pelo conceito de civilidade, bem como nas transformações que esse conceito sofre ao passar de uma tradição ou de uma figuração nacional a outra, veremos que, do antigo regime à modernidade, o ato de ler é um exercício permanente de autocontrole, assim como um modo de inscrição e aprendizado social, ainda que a leitura silenciosa tome parte nas formas de privatização e nas ilusões de autonomia da modernidade.

O universo da infância, nessa perspectiva, torna-se o lugar fundamental para as assimilações no ato da leitura. Afinal, aquele que aprende a lição domina a emoção. Os livros infantis são o suporte que mais cristaliza conceitos e difunde modelos de conduta. Não por acaso Elias foi ao opúsculo do Erasmo, destinado a todas as crianças de seu tempo.

Se a civilidade como conceito se afirmou na passagem

---

[2] CHARTIER, 2001.
[3] FREYRE, 1974.
[4] SCHWARCZ, 1998.

da tradição para a modernidade, a revolução francesa fez dela uma virtude republicana. No Brasil, os manuais de civilidade foram amplamente difundidos no momento em que a livraria francesa cruzou os mares e se instalou, em meados do século XIX, na corte do Rio de Janeiro. O representante desse comércio foi o livreiro francês Baptiste-Louis Garnier. Nesse momento, o gênero dos manuais já havia se popularizado em seus países de origem, devido à diminuição do analfabetismo e ao surto industrial da empresa de edição.[4]

Para construir seu império mercantil e a rede de difusão internacional, os livreiros parisienses necessitaram da exportação de livros religiosos, que formavam as coleções de leituras espirituais e se compunham de catecismos, manuais de práticas piedosas, Bíblias e livros de primeira comunhão endereçados ao consumo popular, mas também de uma literatura de alto nível, edificante, com exercícios de estilo, destinada a um público mais culto que sabia escrever. Havia uma atenção especial em oferecer livros de devoção às crianças e aos jovens. Abundavam, no estoque dos livreiros estrangeiros, os livros de civilidade, os manuais de boas maneiras e os romances morais.[5]

Ressalte-se a importância dos manuais que portavam exemplos do bom comportamento cristão. Se, no início de seu emprego, a civilidade revestiu-se de um caráter moral e universal, com o tempo foi se cristianizando, conforme vimos. Antes, porém, já havia sido incorporada pelo debate teológico, que animou a contrarreforma católica. A civilidade, em sua aventura pela história, assumiu a forma de ficção católica com o propósito de guiar as leituras espirituais.

Os conceitos, vimos na análise comparativa entre os casos alemão e francês, não fazem o menor sentido quando empregados de modo abstrato, muito menos os conceitos relativos às formas culturais distintas encontram uma equivalência imediata. Desse modo, a civilidade só adquire seu

---

[5] A respeito da civilidade nas coleções de livros infantis do século XIX consultar: LEÃO, 2006.

[6] SCHWARCZ, 1998, p. 195-205.

[7] SCHWARCZ, 1998, p. 197.

significado quando confrontada às tradições culturais específicas nas quais é forjada, ainda que seus difusores pela Europa ocidental tenham-se esforçado por dotá-la de um caráter universal. Com isso, a leitura dos manuais de boas maneiras e etiqueta que circularam no Brasil do século XIX nos leva a uma reflexão sobre as relações, nos termos de uma discrepância, entre a construção e a codificação da ideia de comportamentos específicos adotados nas cortes europeias do antigo regime e as particularidades de nossa experiência social. A circulação dessa literatura normativa nos leva a refletir sobre a assimilação e a adoção dos modelos culturais europeus.

No Brasil, a corte imperial foi a responsável pela transmissão dos preceitos de civilidade. Uma enxurrada de manuais importados invadiu o Império brasileiro. O novo gênero de impressos dedicado às boas maneiras trazia textos claros e didáticos, com narrativas semelhantes a conselhos e lições de advertência repartidas em capítulos.[6] O principal objetivo dos manuais era fazer com que ao consultá-los os leitores assimilassem os modos da distinção social, que na sociedade imperial era a representação da vida da nobreza e, ao mesmo tempo, da boa educação de uma ordem social burguesa em formação. A polidez passava a guiar os passos da boa condução no mundo, evitando tropeços. Com isso, os guias estabeleciam regras de convívio social destinadas a regular a vida de todos indistintamente, adultos e crianças.

> Apesar de conter diferenças entre si, esses manuais, publicados ou traduzidos em várias línguas e países, apresentavam estilos e conteúdos muito semelhantes. Escritos de forma clara e didática, dedicavam-se à "ciência da civilização" e introduziam seus leitores nas especificidades que marcavam a nova vida de sociedade. A organização dessas obras era também particular. Concebidos como guias, "escolas para o mundo", os manuais possuíam uma estrutura original que privilegiava uma leitura rápida e objetiva. A consulta era fácil, e podia ir direto ao tema

---

[8] SCHWARCZ, 1998, p. 202.
[9] CHARTIER; HÉBRARD, 1990.

selecionado, sem precisar passar, obrigatoriamente, pelos demais.[7]

Muitos dos guias de civilidade que circulavam no Brasil vinham da França. Destacava-se o de Horace Raisson, com o sugestivo e longo título de *Código civil, manual completo da polidez, do tom, das maneiras e da boa companhia, contendo as leis, as regras, aplicações e exemplos da arte no mundo*. Logo no início, o autor avisava que seu código era indicado ao uso do homem de bom-tom em Paris. Os leitores, no entanto, podiam assimilar as regras por imitação do comportamento parisiense. Importava dar à imitação o segredo da originalidade. A aplicação correta dos princípios pedagógicos da civilidade devia ser, antes de tudo, um trabalho de autoconvencimento, já que os usos rotineiro das regras tinham a força da lei. A polidez, ainda que originalmente destinada aos espetáculos da representação pública, aos atos do poder nas cortes aristocráticas, encontrava sua melhor aplicação na vida doméstica. No mundo da intimidade, defendia Raisson, o rigor das regras passaria por uma transformação, tornando a etiqueta franca, natural e sedutora. Logo na página de rosto, é apresentado ao leitor o seguinte protocolo de uso do livro: "tous les hommes sont égaux devant la politesse".

No manual de Raisson, salta aos olhos uma preocupação com o comportamento à mesa, como o uso dos utensílios, as maneiras de trinchar os alimentos e os modos da conversação. As reprimendas e os conselhos do autor correspondem a uma ordem de valores burgueses que difere da etiqueta cortesã pela constituição de uma esfera da intimidade – como o mundo familiar – separada da existência social.

Muitos outros guias no estilo de Raisson foram vendidos pelas livrarias francesas e portuguesas do Rio de Janeiro. No correr dos anos de mil e oitocentos, esses guias eram consumidos como uma grande novidade e adaptavam-se às mudanças pelas quais passava a sociedade brasileira. O desenvolvimento das cidades, enquanto *locus* de convívio social das elites, que adoravam se espelhar nos modelos

[10] SCHWARCZ, 1998, p. 197.

parisienses e exibir-se publicamente, era um sintoma dessas mudanças: "Bailes, teatros, jantares e concertos são novidades nessa corte que tem, até a década de 80, a família imperial como modelo e centro de sociabilidade".[8]

É certo que os guias de civilidade eram destinados ao consumo das famílias elegantes, que cultivavam o dito estilo "elevado" de viver e mostravam-se bastante preocupadas com a notoriedade. É o caso do *Código do bom-tom ou regras da civilidade e do bem viver no século XIX*, do português José Inácio Roquette. Porém, até a segunda metade do século, não havia um código de civilidade brasileiro, que pudesse ser exclusivamente adaptado ao universo infantil, na esteira do modelo erasmiano ou lassaliano.

Em vista disso, os professores lançaram-se na tarefa de escrever guias de comportamento para o uso das crianças, a fim de suprir ao mesmo tempo as exigências dos exercícios de leitura, na sala de aula, e a observação da higiene corporal no dia a dia. A instituição escolar, reprodutora metódica da competência legítima, aliada ao *habitus* e à tradição familiar, é grande responsável pela formação da leitura. As fórmulas e estratégias editoriais que estruturam a morfologia dos textos escolares também formam o público a que se destinam, como bem lembram Jean Hébrard e Roger Chartier.[9] O aprendizado da civilidade pela leitura, então, aliava-se à regulação das operações do corpo e era atraído para o campo semântico e para a aplicação prática da higiene. Fundamentada no conceito de raça, a higiene era definida nos manuais como uma fisiologia aplicada às regras do bem-viver, uma arte que ensina a prevenir as doenças e guardar a saúde, enfim, um trabalho metódico ancorado nos princípios da polidez e destinado a formar homens "fortes e capazes". Afinal, o clérigo José Sotero de Sousa, autor do livro *Noções de civilidade e higiene corporal para o uso das crianças no lar e nas escolas primárias*, prescrevia: "O homem polido deve sê-lo em todas as circunstâncias da vida".

Bem antes do Padre Sotero, que publicou seu manual no Recife, a diretora do Externado Azambuja Neves, a professora Guilhermina de Azambuja Neves, publicava, no ano de 1875 no Rio de Janeiro, *Entretenimentos sobre os deveres de civilidade colecionados para uso da puerícia brasileira de ambos os sexos*. No pequeno texto de advertência ao leitor, a autora escrevia que seu manual tivera o objetivo de preencher uma lacuna no mercado editorial brasileiro, o qual, até então, não manifestara a menor preocupação com livros de civilidade e boas maneiras escritos por autores brasileiros e dedicados aos alunos das escolas públicas.

Indicado para a adoção pelo secretário da Instrução Primária do Rio de Janeiro, o professor Teófilo das Neves Leão, no dia 03 de setembro de 1875, *Entretenimentos* era dividido em duas partes, que bem ilustravam os caminhos previstos e almejados nas etapas da educação: deveres gerais para com Deus, a família e a sociedade e deveres pessoais. O professor Neves Leão, é bom lembrar, era amigo do editor de livros didáticos Francisco Alves e pai do sócio da livraria Alves de São Paulo, Manuel Pacheco Leão. Com isso, reconhecemos a teia de interdependência na qual se movia a professora Guilhermina Neves, bem como o modo pelo qual cada profissional do livro participava da difusão das regras de civilidade: encomendando, aprovando, adotando e vendendo os manuais.

Não devia ser fácil para uma mulher de letras escrever sobre temas que tanto feriam o decoro pessoal e tocavam os limiares da vergonha e do pudor, como a necessidade imperiosa de lavar a boca e as mãos ao despertar e outros modos do ritual do asseio. Por isso, a autora optou por ficcionalizar as suas histórias de conselhos, tornando-as mais leves na forma de entretenimento. A adaptação das regras de civilidade para o uso escolar implicava não somente o emprego mais sistemático dessa prática pedagógica do comportamento, mas também a importância do trabalho das mulheres instrutoras na conversão pela leitura das técnicas do controle em autocontrole. Vejamos alguns trechos dos deveres pessoais no livro-guia:

> Não faças nunca, meu filho, como certos meninos, que quando lhes querem lavar o rosto ou pentear os cabelos, fogem para um e outro canto, resistem, causando assim impaciência e fazendo perder tempo às pessoas que têm a bondade de se ocupar com o seu asseio.
>
> A nossa vizinha Chiquinha, é uma dessas, e bem tens visto como ela chega às vezes à janela ou à porta, toda descabelada, com a cara suja e o vestido muitas vezes em tiras.
>
> Tem-se tornado por esse motivo tão repugnante, que ninguém a acarecia, e até as outras meninas não querem brincar com ela.
>
> Que diferença vai dela para a sua prima Mariazinha, que não possui, é verdade, vestidos de seda e bonitos chapéus com flores, porque seus pais não são ricos, mas tão limpa e arranjadinha anda sempre, que a chamam botão de rosa: tanto a sua figura respira frescura e saúde.

Nos procedimentos à mesa, a professora Guilhermina adverte os leitores contra o hábito das crianças de fazer bolinhas de pão, com o fim de atirá-las umas nas outras depois da refeição.

Já o clérigo José Sotero de Souza não economizou palavras no seu manual que também era destinado ao uso escolar. No capítulo "Das refeições", lamentava o autor o péssimo costume entre os camponeses, a quem chamava de "matutos", de limpar o prato ou o talher com o guardanapo, e, pior ainda, o "incivil" hábito de enfiar o palito de dentes na orelha ou guardá-lo no bolso, após as refeições. Esse autor reeditava as regras piedosas do manual de Jean-Baptiste de La Salle, publicado em 1703, *Regras de convivência e de civilidade cristã dividida em duas partes para uso das escolas cristãs*, confirmando que o futuro da civilidade cristã estava mesmo na escola.

> Ao nos aproximarmos de uma mesa onde nos devamos servir, não o devemos fazer cheios de curiosidade e muito menos com pressa; procuremos deixar passar primeiramente as pessoas mais salientes após as quais seguiremos também. Nunca nos assentemos sem que vejamos que já o tem feito os cavalheiros distintos. Em nossa casa não devemos esquecer o piedoso exercício dos cristãos, que

consiste em benzerem-se e pronunciarem uma ligeira oração, ao princípio e ao fim das refeições.

E, seguindo a tradição erasmiana da preocupação com as revelações da aparência, da autoapresentação e dos modos de governar-se, o clérigo Sotero adverte no capítulo Os olhos, de seu manual:

> Os olhos são inegavelmente o refletor por excelência de tudo quanto se passa em nossa alma.
>
> O olhar viciado, o olhar muitas vezes voltado às coisas indignas, é quase sempre a causa de condenação e da morte.
>
> Quantas e quantas vezes não levamos pelo olhar malicioso a nódoa do pecado à brancura de nossa alma! ...
>
> Pois bem; os olhos que visto assim a priori bem os parece estão isentos das prescrições de civilidade. Estão entretanto a elas bem sujeito como passamos a ver.
>
> Quanto não nos impressionam mal as pessoas cujos olhares irrequietos dão-nos o idéia de que os olhos parece querer saltar das órbitas! ... São incivis essas pessoas, como incivis são também os seus olhares.

Assim como as maneiras de se portar à mesa, de andar elegantemente com roupas adequadas, dos modos de olhar e do emprego das regras de conversar em locais como as igrejas, os bondes, os teatros e a escola, o exercício da escrita epistolar também entrou para os catecismos de boas maneiras. Segundo essa nova versão da civilidade, as relações sociais impõem o dever indeclinável de escrever, "tanto aos amigos como às pessoas indiferentes, e até aos inimigos. Saber como se escreve, o que se escreve e quando se escreve é, portanto, uma parte da boa educação", aconselha Carmem D'Ávila, no seu *Boas Maneiras, manual de civilidade*, publicado em conjunto pela Companhia Editora Nacional e Civilização Brasileira, em 1936. As pessoas educadas têm a obrigação de escrever corretamente com a mesma polidez que distingue o seu trato social. Vejamos um trecho da autora sobre os efeitos da escrita epistolar para as boas relações em sociedade:

Escrever cartas é um dever social, como o das visitas. Por meio delas, durante as longas ausências, mantemos as relações que nos são caras. É uma infelicidade para o brasileiro o horror que mostram a essa pragmática, pois cartear-se, entre os povos civilizados, é ocupação da mais requintada elegância. Por isso mesmo obedece a certas normas, como agora se verá.

E Carmem D'Ávila prossegue na apresentação da cor do papel para cada ocasião, nas variantes dos tons da tinta de escrever e no imperativo de sempre perfumar as cartas.

Por muitos anos as leis da polidez continuaram a ser seriamente aplicadas na educação pública e privada dos jovens brasileiros. A observância das regras fazia a ligação entre o mundo da casa e a aquisição de uma cultura escolar. Afinal, os usos têm força de lei.

Nos modelos normativos de leitura e escrita fica evidente não apenas a necessidade de marcar as diferenças dos indivíduos em uma ordem social hierarquizada como a brasileira, como também são reconhecidos "os limites nas concepções de higiene e de sociabilidade"[10], de cada época em que foram concebidos e publicados os livros-guia.

CAPÍTULO VI

# AS ARTES DE CIVILIZAR-SE NOS LIVROS INFANTIS

> *Representando em casa, ou nos colégios, o aluno adquire inconscientemente certo desembaraço, sangue-frio e presença de espírito, abandonando o acanhamento peculiar à idade, e fatal entre nós, não só no interior, mas também nos centros populosos, onde não abundam os jardins e passeios públicos, onde não há parques, diversões próprias, Kindergarten, e onde mesmo a convivência não é muita.*
>
> Figueiredo Pimentel. Teatrinho Infantil

Embora não se apresentassem como manuais, os livros de literatura infantil difundiam modelos de civilidade. A literatura para crianças que circulava no Brasil de finais do século XIX e inícios do século XX, no gênero dos contos de fadas e do teatro infantil, com seus suaves conselhos e disfarçadas maneiras de correção, dedicava-se à disseminação das artes de bem conduzir-se no mundo. Esses livros agiam de modo inverso aos manuais: pedagogizavam a prosa de ficção. Com isso, iam impondo regras de comportamento e convívio social. A boa leitura, traduzida como a correta assimilação das histórias, já era, por si só, o indicativo de um maior domínio das emoções, portanto do amadurecimento na estrutura do autocontrole. Como nos mostra Norbert Elias, na história dos costumes, os comportamentos vão se transformando sempre no sentido do controle e da proibição.

Desse modo, as coleções de livros infantis, como as bibliotecas de livros para crianças, faziam as vezes dos antigos guias de conduta.

É interessante notar que os livros de contos de fada eram muito lidos pelas crianças brasileiras. Sua presença era certa no consumo das famílias, cada edição da coleção de livros da Biblioteca Quaresma, publicada no Rio de Janeiro pelo livreiro-editor Pedro da Silva Quaresma, por exemplo, tinha tiragem inicial de dois e três mil exemplares. Essa ampla aceitação aponta para uma disseminação da cultura impressa e, em consequência, para uma transformação no *habitus* leitor, movimento característico da nova sociedade republicana.

Para uma criança em processo de amadurecimento, nada como atravessar o caminho fantástico das histórias infantis, das peripécias e das aventuras dos heróis e dos vilões. Esse público de leitores pertencia a famílias que tinham contato com a cultura escrita, com os manuais de civilidade, jornais e revistas ilustradas. Uma cultura cuja circulação e consumo já não se determinavam exclusivamente pelas desigualdades socioeconômicas ou pela alfabetização.

Um pai de família, trazendo um anel de doutor no fura-bolos, sendo entregador de padaria ou criado de circo, e uma mãe, vendendo peixe no cais ou nada fazendo, bem podiam ler ou escutar os romances de folhetins a cada semana nas revistas de modas, consultar o calendário das festas religiosas no famoso *Almanaque Garnier*, escrever suas listas de compras, suas cartas e diários, passar uma vista d'olhos nos telegramas internacionais do *Jornal do Comércio* (quem saiu, quem chegou, o que fazia o príncipe em Portugal) ou na seção de notícias sensacionais de assassinatos, ler as tabuletas das lojas da Rua do Ouvidor, olhar os cartazes de livros espalhados pelos muros anunciando as coleções, passar na engraxataria e comprar a cinco mil-réis um volume de *O cozinheiro popular*, mesmo dar uma piscadela para as formosuras na vitrine da livraria Garnier. Muitos adultos igualmente possuíam brochuras baratas e, com uns tostões a mais, livros grossos, e ainda podiam desfilar suas calvas e chapéus por uma conferência literária da moda.

Desse modo, a criançada, envolvida pela cultura do escrito, possuía livros e, a partir do ano de 1905, assinava o semanário infantil *O Tico-Tico*.[1]

Pode-se conceber as comunidades de leitura dos livros e impressos infantis como verdadeiras configurações sociais formadas pelas crianças brasileiras, uma vez que as ligações na vida social tendem a formar grupos interdependentes que se caracterizam por uma maior ou menor força de coesão.

Acrescente-se que muitos dos objetos domésticos eram portadores do escrito, como os xaropes, os tônicos, as caixas de sabão, os laticínios, as caixas de calçados. O mundo dos escritos não se restringia só a livros, revistas e jornais, quer dizer, o texto impresso de viés utilitário aparece em diversos materiais e se constitui domínio comum a diversas crianças. Afinal, quem, no período, haveria de desconhecer o rótulo do óleo de fígado de bacalhau *Emulsão de Scott*, do xarope *Henry Mure*, do peitoral *Angico Pelotense*, as marcas *Peugeot e Humber* das bicicletas e velocípedes?

Entre os leitores e os livros infantis, havia uma multiplicidade de conhecimentos e intervenções cruzadas – verdadeira teia de ações interdependentes – que iam dos segredos no ato da escrita; dos editores que decidiam trazer ou não os livros à luz; das modernas operações técnicas com que, nas oficinas tipográficas, as mãos fortes dos operários transformavam os manuscritos em objetos impressos, das estratégias para a sua difusão nos jornais através dos anúncios e das resenhas e comentários de críticos impiedosos, da distribuição comercial nas cadeiras de engraxate e livrarias até a construção de um sentido próprio pelo leitor. Caso contrário, a quem se deve atribuir as formas de um livro que produzem tantos e tantos encantos, deixam os leitores como que anestesiados e se abrigam, serenas, no objeto lido?

Entre as crianças e os livros havia ainda a mediação das mães, função do controle rigoroso, da restrição e da censura pedagógica no processo de civilização individual, que demarcava as diferenças, historicamente estabelecidas, entre

---

[1] Durante quase 55 anos, entre 1905 e inícios dos anos 1960, *O Tico-Tico* foi um semanário de muito sucesso destinado às crianças brasileiras.
[2] ELIAS, 1994, p. 145.

o universo das crianças e o universo dos adultos. A voz das mulheres era suporte bastante sólido na transmissão dos textos literários, indicando que o aprendizado e a compreensão das letras não era apanágio da instituição escolar.

> O padrão que está emergindo em nossa fase de civilização caracteriza-se por uma profunda discrepância entre o comportamento dos chamados "adultos" e das crianças. Estas têm no espaço de alguns anos que atingir o nível avançado da vergonha e nojo que demorou séculos para se desenvolver. A vida instintiva delas tem que ser rapidamente submetida ao controle rigoroso e modelagem específica que dão à nossa sociedade seu caráter e que se formou na lentidão de séculos.[2]

No livro *A sociedade dos indivíduos*,[3] Norbert Elias argumenta que somente inscritas na rede de interdependência de um grupo formador como a família é que as crianças pequenas, mais próximas à natureza, aprendem a desenvolver o autocontrole dos instintos, modelando as suas funções mentais e preparando a sua individualização para o enfrentamento da vida adulta. No processo de socialização e da aprendizagem da vida em grupo, que requer a companhia dos adultos, a posição única que cada pessoa ocupa na rede de relações familiares orienta a sua travessia pela vida. Um indivíduo adquire a sua marca própria a partir da história de suas relações sociais, pois as formas do convívio o levam a adotar regras de refreamento. Essas relações dos indivíduos entre si, por sua vez, são diferentes em sociedades com estruturas diferentes. Em contrapartida, conclui Elias, a formação do caráter individual da criança, o desenvolvimento do autocontrole psíquico, enfim, a historicidade de cada indivíduo, que é a travessia do crescimento até a idade adulta, torna-se a chave para a compreensão do que é a sociedade.

Se toda vida íntima traz as marcas do convívio, a mediação adulta da leitura infantil propicia o equilíbrio entre as

---

[3] ELIAS, 1994.
[4] CHARTIER, 1998.
[5] CHARTIER, 1987.

inclinações pessoais e as exigências das tarefas sociais. Para os adultos, os livros infantis eram representados como pães do espírito, alimento para a alma; uma vez apropriados, subiam se fossem bons, desciam se fossem maus. As poesias e os contos transmitiam bons e generosos sentimentos e todas as virtudes de um coração bem formado. Com o espírito bem nutrido, as crianças declamavam com desembaraço. E a declamação não era possível sem antes a memorização e a incorporação dos protocolos e das lições adquiridos com a leitura.

Os livros impressos são objetos manufaturados, pequenos códices, conjunto de folhas soltas costuradas de um lado e reunidas na forma de um caderno.[4] A partir da revolução tipográfica ocasionada pela invenção de Gutenberg, os livros tornaram-se fáceis de manipular, veículos de comunicação por meio dos quais textos e imagens alcançam presença mais densa, tornando-se realidade cotidiana e familiar[5] – bem diferentes dos antigos e grandes livros manuscritos, copiados à mão, de circulação restrita.

A representação corrente dos livros os concebia na sua existência material, precária ou duradoura, indicando um sistema de pensamento em torno da metáfora do corpo humano. Poder-se-ia pegar os livros pelo dorso ou pela lombada, que corresponde à coluna vertebral. Uma boa compra era a de um livro vestido por uma pele/capa ornada com primor e trabalho de luxo, gravuras finas e impressões artísticas, distinguindo-o pelo apuro e sofisticação da técnica industrial adotada em seu fabrico.

Falava-se, por outro lado, de um espírito ou alma interior dos livros. Esse sopro imaterial formava a substância dos textos, cujo sentido, alvo da interpretação, se ocultaria. No mundo das trocas sociais, a posse material de livros marcava distinção e fazia funcionar o mesmo sistema valorativo dos esforços de atualização ante o consumo europeu, que punha os brasileiros a par da última voga, daí a valorização dos

---

[6] Estes são os conselhos dados pela escritora Alexina de Magalhães Pinto (1911) para uma leitura educativa.

[7] FREYRE, 1974.

[8] FREYRE, 1974, p. 251.

artigos e dos livros importados.

Os livros infantis eram representados como vestidos bem talhados, que formavam lindas coleções artísticas. Apropriados a presentes de festas, a prêmios pelas ações meritórias, distraíam os leitores, incutindo-lhes noções de moral, zelo ao trabalho, piedade, gosto pela aventura, exemplaridade e castigo, livrando-os dos vícios da preguiça, da curiosidade, da mentira, da usura e do egoísmo. As coleções de livros de contos de fadas eram os manuais de civilidade que mais contribuíam para a instrução social, o que mostra o compromisso dos escritores com o público infantil.

No processo de individuação da infância e, portanto, diferenciação dos comportamentos, uma criança devia ler os livros de literatura expressivamente e aprendê-los bem, entoando-os caso fossem de cantigas, cantando-os sempre à meia voz; e, após dez minutos de recitação, caso fossem de poesia, ao menos cinco de repouso. Devia-se evitar ler ou falar em voz alta após haver cantado as modinhas e os cantos folclóricos. Os dedos, com os quais apontavam as figuras e com o favor dos quais os olhos eram guiados e compreendiam as coisas visíveis, necessitavam as crianças trazê-los sempre limpinhos.[6]

As relações do corpo leitor com os livros estão na base das possibilidades de atribuição de significações ao texto lido. O leitor é um corpo socializado depositário de capacidades criativas. Daí a circulação, ao lado dos contos de fadas, de textos de teatro, brincadeiras, jogos e poesias infantis.

Para as crianças, os livros tornavam-se por um lado, objetos mágicos, pois continham prosas e versos, cenas cômicas, dramas e monólogos, que podiam ser representados, cantados em grupos ou lidos solitariamente; por outro lado, podiam ser tão ferozes quanto os cinco olhos vigilantes da palmatória ou o golpe certeiro de um cabo de vassoura. Ou

---

[9] ELIAS, 2000, p. 171.

tão suavemente corretivos quanto o *hypnotismo*, a sugestão, a aplicação da eletricidade ou do magnetismo. Esse objeto livro fazia as vezes das técnicas para o autoconvencimento moralizador, as quais, caso funcionassem, possibilitariam uma predisposição ao recebimento e à aceitação da ordem social.

Mas nem por isso os livros infantis assumiam o tom cartilhesco. Nem todas as histórias traziam deveres a cumprir e, algumas vezes, os personagens castigados podiam ser grandes aventureiros. A imagem idealizada da infância bem-educada, mesmo quando as travessuras acabam em exemplos de vergonha, não deixa de sofrer uns bons arranhões, e o tudo se transforma em uma grande aventura.

Nos contos de fadas, quando há lição de moral, esta tem de valer para todos. Até para os personagens dos novos burgueses arrivistas, como os heróis que enfrentam obstáculos e correm o mundo para ganhar a vida do público leitor infantil.

Nas palavras de Gilberto Freyre,[7] o livro infantil é um objeto de uso das crianças que, ao lado de brinquedos como o pião, a peteca, os papagaios empinados e de jogos como a cabra-cega, concorrem para a unidade brasileira de sentimento, difundindo preceitos de condutas e articulando um ideal de civilização.

Os livros infantis são objetos preciosos no largo processo de formação e interiorização da experiência do mundo, sobretudo na relação com o universo adulto quando a leitura é convivência partilhada:

> ... em casa, ou dentro da conveniência patriarcal, era dos leitores em voz alta de livros capazes, como o Don Quixote, de repercussão popular através dessa espécie de leitura, ou da voz ou da palavra das velhas ou das negras contadoras de histórias de Trancoso e de outros contos, que meninos e às vezes adultos ouviam literatura.[8]

Os livros da coleção infantil, nos gêneros teatro e contos de fada, prestavam-se à instrução doméstica e à difusão dos códigos de condutas sociais. Neles encontramos as forças definidoras que vinculam a escrita e a leitura à civilidade. São esses os temas que unificam as histórias e, ao mesmo tempo, produzem significações culturais.

Ao transmitir os ideais nacionais por meio dos heróis que se movem num trânsito livre entre a fábula e a realidade, as narrativas que misturam os preceitos da obediência à puerilidade, as lições de esperteza e astúcia aos exemplos do controle moral, os livros infantis conduziam os leitores a transformar as regras necessárias em lei interior e a entrar num processo mágico de socialização. Lendo-os, ouvindo-os, as crianças, longe de ser presas de uma reprodução mecânica do social ou da obediência, conheciam sua sociedade num movimento de assimilação revestido de fantasia. Se eram tão lidos, devia-se às lições estilizadas que coincidiam com a única preocupação das crianças: brincar, imitar criativamente os adultos, saber mais e mais, livrar-se da escola, divertir-se.

Nos monólogos em prosa, a leitura individual não se furtava à representação, passo a passo, do comportamento social. Os espetáculos de teatrinho eram uma boa oportunidade para os jogos e as improvisações, momentos de escuta familiar e abertura para a criação de novos significados aos textos. Como escreveu Norbert Elias, as boas maneiras são formas de autocontrole socialmente induzido.[9]

Já os contos de fadas, com as aventuras de príncipes, bruxas, bichos e gigantes em reinos encantados, cortes longínquas, davam forma à imaginação nacional por meio dos esquemas de percepção orientados para as cortes do antigo regime europeu, fazendo brotar no coração infantil a nostalgia de um país imaginário, através dos códigos das fadas, dos príncipes, dos anões, da bicharada.

Com esse comentário sobre a formação do *habitus* leitor da criança brasileira, fica reconhecido o papel do livro como mediador das relações sociais e chega-se a conclusão de que a história da individuação infantil resulta de um processo de diferenciação das condutas humanas acumulado lentamente no curso da civilização ocidental.

# Considerações finais: a Sociologia figuracional de Norbert Elias

É largo o alcance da obra de Norbert Elias. Neste livro, foi adotada como perspectiva de análise sua tese sobre o processo de civilização. Uma das maiores contribuições oferecidas pelo autor aos estudos educacionais situa-se na longa história cultural da escrita, circulação e leitura dos manuais de civilidade do antigo regime europeu. Esses gêneros de impressos colocavam em ação uma variedade de métodos de aprendizagem que, no correr de mais de três séculos, embasaram a instrução e a educação sentimental de crianças e jovens. Elias em muito elucidou o percurso metodológico da utilização de fontes normativas para a história cultural da transformação dos comportamentos. Os modelos de civilidade, que encontram expressão mais bem acabada na estrutura e na dinâmica das relações da monarquia europeia, demonstram as engrenagens do funcionamento das normas na singularidade das configurações históricas, matrizes constitutivas das sociedades.

A intenção foi discutir a teoria dos modelos de civilização ocidental apresentada nos dois volumes que compõem o livro *O processo civilizador – uma história dos costumes e formação do estado e civilização* e no estudo sobre a monarquia absoluta de Luís XIV (século XVII), que põe no centro do argumento o cerimonial e a etiqueta enquanto instrumentos de dominação e de poder, objeto do livro *A sociedade de corte – investigação sobre a sociologia da realeza e da aristocracia de corte*.

Em seguida, tratei de alguns domínios de objeto, que são exercícios de "aplicação" do modelo proposto pelo autor. O comentário sobre o estudo *Mozart, sociologia de um gênio*, e sobre a longevidade e a diversidade de usos do *corpus* de textos utilizados por Elias na construção de sua tese sobre o processo de civilização.

Neste capítulo final, discorro um pouco mais sobre o problema dos lugares dos indivíduos nos processos sociais de longa duração. Esse assunto é objeto do livro *A sociedade dos indivíduos*, que foi publicado na Alemanha em 1987, ganhando, no mesmo ano, o Prêmio Europeu Amalfi[1] como a melhor obra de Sociologia. Esse livro, aponta Roger Chartier, é uma das melhores introduções ao pensamento e à obra de Norbert Elias.

A ideia central é a mesma que fundamenta o *Processo civilizador*: a de que o eu singular surge do desenvolvimento do autocontrole, que, por sua vez, é a força motriz dos processos de civilização. Vimos que a formulação da teoria da civilização tem como base documental a história da transformação dos costumes e das mudanças das normas de comportamento, abrangendo o longo intervalo entre o período da Idade Média até a sociedade moderna. Essas séries de acontecimentos sociais apresentam-se em cadeias de relações interdependentes e funcionais. Suas mutações correspondem às transformações na estrutura da personalidade dos indivíduos, no sentido de um aumento da contenção das pulsões, portanto do autocontrole, bem como das formas de exercício do poder, no sentido do maior controle da violência. A primeira conclusão a que se chega é a de que nenhum indivíduo é inteiramente autônomo, mesmo que seja o gênio Wolfgang Amadeus Mozart.

Daqueles que ensaiam os primeiros passos na leitura da obra de Norbert Elias, chamo a atenção para o modo pelo qual o autor elabora a sua teoria da sociedade – as figurações formadas pelo conjunto dos indivíduos dependentes uns dos

---

[1] Essas informações são dadas por CHARTIER, 1991.

outros. Trata-se de uma postura analítica. A Sociologia de Norbert Elias supera as polarizações, a ordem das precedências e das determinações entre os indivíduos e a sociedade, vinculando-os no estudo da sociogênese e na psicogênese. Sendo assim, as posições sociais são tão mais singulares quanto maiores forem as suas determinações. Quer dizer, as possíveis singularidades individuais estão sempre enraizadas nas figurações sociais e vice-versa.

Elias, então, elabora as categorias que põem as sociedades em um permanente equilíbrio de tensões, os estabelecidos e os marginais (*outsiders*), os aliados e os adversários de todos os tempos e as formas da civilização. A matriz constitutiva das sociedades são as dependências recíprocas que ligam esses indivíduos uns aos outros. O conceito de figuração foi criado exatamente para superar as polarizações dos modelos de interpretação sociológica que colocavam os indivíduos acima da sociedade e a sociedade acima dos indivíduos.

Nos dias que correm, fala-se muito do embrutecimento dos costumes, da perda da gentileza, das várias formas de violência, e até da quebra do pacto das relações sociais. O processo de descivilização que se desenrolava ao longo do século XX ocupou sobremodo a atenção de Norbert Elias. Sugiro, antes de qualquer outro, a leitura do livro *Os alemães, a luta pelo poder e a evolução do habitus nos séculos XIX e XX*, indicado na bibliografia.

No livro *Os estabelecidos e os outsiders*, produto de um estudo etnográfico realizado por Elias e John L. Scotson, a sociodinâmica da relação entre os grupos sociais está determinada por uma forma de vinculação ao lugar de moradia, como o tempo de residência e a idade das famílias. Neste trabalho, o leitor não apenas conhece a figuração específica formada pelos grupos de moradores da comunidade inglesa batizada pelos autores de Winston Parva, mas se coloca frente a um estudo sobre as formas de distinção, de tabus e autodomínios, e os padrões de superioridade social, que nem sempre são pautados pela riqueza. Aí, Elias põe em movimento a abordagem figuracional, em uma pequena escala, além de oferecer uma primorosa reflexão sobre os usos dos conceitos sociológicos clássicos no correr do tempo, a exemplo da anomia, de Émile Durkheim e, mais uma vez, da teoria da ação, de Parsons.

Elias formulou outras importantes construções temáticas da teoria da civilização, como as reflexões sobre o tempo enquanto objeto sociologicamente construído; o problema dos significados e da solidão na morte e o estudo sobre a formação do *habitus* nacional na Alemanha, no qual aborda os processos civilizadores e descivilizadores, o nacionalismo e a violência na sociedade moderna. Norbert Elias ilustrou, através desses domínios de objeto, as últimas etapas do processo ocidental de civilização, nos séculos XIX e XX.

## Cronologia de Norbert Elias

**1897:** Norbert Elias nasce no dia 22 de junho de 1897, na cidade alemã de Breslau, hoje chamada Wroclaw, na Polônia. É filho único de Hermann e Sophie Elias, um casal de judeus abastados.

**1915:** Presta serviço militar na guerra, servindo primeiro na Rússia, depois no *front* ocidental.

**1918:** Realiza estudos de Medicina e Filosofia na universidade de Breslau.

**1930:** Torna-se assistente de Karl Mannheim na universidade de Frankfurt.

**1933:** Desfaz-se de seus arquivos pessoais em seu departamento do Institut für Sozialforschung, futura "Escola de Frankfurt", e abandona a Alemanha nazista. Exila-se, por um breve período, na França. Depois, parte para a Inglaterra.

**1937-1939:** Dedica-se à composição de seu grande livro, *O processo civilizador*.

**1954:** Aos 59 anos de idade, ocupa um cargo de professor de Sociologia na universidade inglesa de Leicester.

**1962-1964:** Torna-se professor de Sociologia na universidade de Gana.

**1969:** *O processo de civilização* é lançado na Alemanha Oriental.

**1970:** Publica *Was ist Soziologie?*

**1973-1975:** A editora Calmann-Lévy publica sua obra *O processo civilizador* na França.

**1977:** Recebe o prêmio Adorno.

**1984:** Elias passa a morar em Amsterdã.

**1987:** Publica *Die gesellschaft der individuen*, *A sociedade dos indivíduos*.

**1989:** Publica *Studien übe die Deutschen*, *Os alemães*.

**1990:** Falece em Amsterdã, no dia primeiro de agosto.

# Sites e livros de interesse

http://www.norberteliasfoundation.nl/index_ne.htm

O site da Fundação Norbert Elias (em inglês) apresenta arquivos sobre a vida e a obra do sociólogo, além de comentários atualizados das publicações sobre o autor e dicas de websites. Criada em 1983, em Amsterdã, sob a iniciativa do próprio Elias, a Fundação desenvolve e financia projetos de estudos sobre as ciências sociais em geral e a Sociologia figuracional em particular.

http://www.fef.unicamp.br/sipc/principal.htm

Site do X Simpósio Internacional Processo Civilizador – Sociabilidades e Emoções, realizado na Faculdade de Educação Física da UNICAMP, em abril de 2007. Esse fórum de debates sobre a obra de Norbert Elias já se encontra em sua décima edição, e constitui um dos eventos mais prestigiados da América Latina dedicados ao estudo da obra do autor. Conforme a apresentação do simpósio, as suas edições anteriores abordaram os temas: "Esporte no Processo Civilizador e Violência no Futebol", "Cultura, Esporte e Lazer", "Educação, História e Lazer, "História, Civilização e Educação" e "Tecnificação e Civilização".

http://www.cral.ehess.fr/document.php?id=133-12k

Site do Centre de Recherches Sur Les Arts et Le Langage da École des Hautes Études en Sciences Sociales, Paris (em francês). Apresenta os temas de pesquisa e as principais publicações da socióloga da cultura e historiadora da Arte Nathalie Heinich, uma estudiosa da obra eliasiana na França.

http://www.usyd.edu.au/su/social/elias/figsframe.html

O site Figurations (em inglês), Norbert Elias e os Processos sociológicos, apresenta links importantes sobre publicações, conferências e arquivos de pesquisa sobre o autor.

http://socio-logos.revues.org/document30.html

A revista Socio-logos é uma publicação da Associação Francesa de Sociologia. Encontramos um artigo, em francês, de Bernard Cahier intitulado Actualité de Norbert Elias, no qual o autor discute e sintetiza a crítica dos historiadores franceses à teoria eliasiana do processo de civilização.

## Livros de Norbert Elias no Brasil

ELIAS, N. *O processo civilizador Ed. Formação do Estado e civilização. v. II.* Rio de Janeiro: Jorge Zahar, 1993.

ELIAS, N. *O processo civilizador. Uma história dos costumes. v. I.* Rio de janeiro: Jorge Zahar, 1994.

ELIAS, N. *A sociedade dos indivíduos.* Rio de Janeiro: Jorge Zahar, 1994.

ELIAS, N. *Mozart: sociologia de um gênio.* Rio de Janeiro: Jorge Zahar, 1995.

ELIAS, N. *Os alemães: a luta pelo poder e a evolução do habitus nos séculos XIX e XX.* Rio de Janeiro: Jorge Zahar, 1997.

ELIAS, N. *Sobre o tempo.* Rio de Janeiro: Jorge Zahar, 1998.

ELIAS, N. *Envolvimento e alienação.* Rio de Janeiro: Bertrand Brasil, 1998.

ELIAS, N. *Os estabelecidos e os outsiders: sociologia das relações de poder a partir de uma pequena comunidade.* Rio de Janeiro: Jorge Zahar, 2000.

ELIAS, N. *Norbert Elias por ele mesmo.* Rio de Janeiro: Jorge Zahar, 2001.

ELIAS, N. *A sociedade de corte.* Rio de Janeiro: Jorge Zahar, 2001.

ELIAS, N. *A solidão dos moribundos. Seguido de "envelhecer e morrer".* Rio de Janeiro: Jorge Zahar, 2001.

ELIAS, N. *A peregrinação de Watteau à ilha do amor.* Rio de Janeiro: Jorge Zahar, 2005.

ELIAS, N. *Escritos e ensaios 1. Estado, processo, opinião pública.* Organização e apresentação, Frederico Neiburg e Leopoldo Waizbort. Rio de Janeiro: Jorge Zahar, 2006.

# Referências

BOURDIEU, Pierre. *As regras da arte*. São Paulo: Companhia das Letras, 1996.

BOURDIEU, Pierre. L'illusion biographique. In: *Raisons pratiques. Sur la théorie de l'action*. Paris: Éditions Du Seiul, 1994.

BRANDÃO, Carlos da Fonseca. *Norbert Elias: formação, educação e emoções no processo de civilização*. Rio de Janeiro: Vozes, 2003.

BURGUIÈRE, André; CHARTIER, Roger; FARGE, Arlette; VIGARELLO, Georges; WIEVIORKA, Michel. L'oeuvre de Norbert Elias, son contenu, sa reception. In: *Cahiers Internationaux de Sociologie*, 1995.

CHARTIER, Roger. La culture de l'imprimé, avant-propos. In: *Les Usages de L'imprimé*. Librairie Arthème Fayard, 1987.

CHARTIER, Roger. Formação social e habitus: uma leitura de Norbert Elias. In: *A história cultural. Entre práticas e representações*. Rio de Janeiro: Bertrand Brasil, 1990.

CHARTIER, Roger. Avant-propos. Conscience de soi et lien social. In: *La société des individus*. Paris: Fayard, 1991.

CHARTIER, Roger. *A Aventura do Livro, do leitor ao navegador, conversações com Jean Lebrun*. São Paulo: Fundação Editora da Unesp, 1998.

CHARTIER, Roger. *Cultura Escrita, Literatura e História, conversas de Roger Chartier com Carlos Aguirre Anaya, Jesús Anaya Rosique, Daniel Goldin e Antonio Saborit*. Porto Alegre: Artmed Editora, 2001.

CHARTIER, Roger. *Leituras e leitores na França do antigo regime*. São Paulo: Unesp, 2004.

DARNTON, Robert. Vies privées et affaires publiques sous L'ancien Régime. In: *Actes de la recherche en sciences sociales – Représentations du monde social – textes, images, cortèges*. n. 154. Paris: Seuil, 2004.

D'ÁVILA, Carmem. *Boas maneiras. Manual de civilidade*. São Paulo: Companhia Editora Nacional. Rio: Civilização Brasileira, 1936.

ELIAS, N. *Introdução à sociologia*. Lisboa: Editora 70, 1980.

ELIAS, N. *O processo civilizador Ed. Formação do Estado e civilização*. v. II. Rio de Janeiro: Jorge Zahar Ed., 1993.

ELIAS, N. *O processo civilizador. Uma história dos costumes*. v. I. Rio de janeiro: Jorge Zahar, 1994.

ELIAS, N. *Mozart. Sociologia de um gênio*. Rio de Janeiro: Jorge Zahar, 1995.

ELIAS, N. *Os alemães. A luta pelo poder e a evolução do habitus nos séculos XIX e XX*. Rio de Janeiro: Jorge Zahar, 1997.

ELIAS, N. *Norbert Elias por ele mesmo*. Rio de Janeiro: Jorge Zahar, 2001.

ELIAS, N. *A sociedade de corte*. Rio de Janeiro: Jorge Zahar, 2001.

ELIAS, N. *A solidão dos moribundos. Seguido de "envelhecer e morrer"*. Rio de Janeiro: Jorge Zahar, 2001.

ELIAS, N. *Escritos e ensaios. 1. Estado, processo, opinião pública*. Rio de Janeiro: Jorge Zahar, 2006.

ELIAS, N. *Qu'est ce que la Sociologie?* Paris: Pocket France, 2003.

ELIAS, N. *Envolvimento e alienação*. Rio de Janeiro: Bertrand Brasil, 1998.

ELIAS, N.; SCOTSON, John. *Os estabelecidos e os outsiders: sociologia das relações de poder a partir de uma pequena comunidade*. Rio de Janeiro: Jorge Zahar Ed., 2000.

FREYRE, Gilberto. *Ordem e Progresso: Introdução à História da Sociedade Patriarcal no Brasil*. Rio de Janeiro: José Olímpio, 1974.

GARRIGOU, Alain; LACROIX, Bernard. *Norbert Elias. A política e a história*. São Paulo: Perspectiva, 2001.

GEBARA, Ademir. *Conversas sobre Norbert Elias*. Biscalchin, 2005.

HEBRARD, Jean; CHARTIER, Roger. Les imaginaires de la lecture. In: *Histoire de L'édition Française, Le livre triomphant 1660-1830*. Paris: Fayard Cercle de la Librairie, 1990.

HEINICH, Nathalie. *La sociologie de Norbert Elias*. Paris: La Découverte, 2002.

PRÉFACE. In: *Le Génie. Histoire d'une notion de l'antiquité à la renaissance*. Paris: Les Éditions de Minuit, 1993.

LEÃO, Andréa Borges. Universos da devoção, sabedoria e moral – as Bibliotecas Juvenis Garnier. In: *Educação em Revista*. Belo Horizonte: FaE/UFMG, n. 43, Junho de 2006.

MANSON, Michel. *Rouen, le livre et l'enfant de 1700 a 1900. La production rouennaise de manuels et de livres pour l'enfance et la jeuneesse.* Institut Nacional de Recherche Pédagogique, 1993.

NEVES, Guilhermina de Azambuja. *Entretenimentos sobre os deveres de civilidade colleccionados para uso da puerícia brazileira de ambos os sexos*. Rio de Janeiro: Typografia Cinco de Março, 1875.

NOGUEIRA, Maria Alice; NOGUEIRA, Cláudio M. Martins. *Bourdieu e a educação*. Belo Horizonte: Autêntica, 2004.

PIMENTEL, Figueiredo. *Teatrinho Infantil. Biblioteca Infantil 2*. Rio de Janeiro: Livraria Quaresma Editora, 1955.

PINTO, Alexina de Magalhães. *Alguns Conselhos: sobre a maneira de se servirem destes livros os Paes, as creanças e os educadores: Cantigas das Creanças e do Povo e Danças Populares*. Rio de Janeiro: Livraria Francisco Alves, 1911. Coleção Ikes, Série A.

RAISSON, Horace. *Code civil, manuel complet de la politesse, du ton, des manières de la bonne compagnie, contenant les lois, applications et exemples de l'art dans le monde*. Paris: J-P Roret, 1928.

REVEL, Jacques. Os usos da civilidade. In: *História da vida privada 3. Da renascença ao século das Luzes*. São Paulo: Companhia das Letras, 1991.

ROQUETTE, J. I. *Código do bom-tom*. São Paulo: Companhia das Letras, 1997.

ROTTERDAM, Erasmo. *De Pueris (Dos meninos) e A civilidade Pueril*. São Paulo: Editora Escala, s/d.

SCHWARCZ, Lília Moritz. Manuais dos bons costumes: ou a arte de bem civilizar-se. In: As barbas do imperador: D. Pedro II, um monarca nos trópicos. São Paulo: Companhia das Letras, 1998.

STRECK, Danilo R. *Rousseau e a educação*. Belo Horizonte: Autêntica, 2004.

WAIZBORT, Leopoldo (Org.). *Dossiê Norbert Elias*. São Paulo: Editora da Universidade de São Paulo, 2001.

ZSCHIRNT, Christiane. *Libros. Todo lo que hay que leer*. Madri: Suma de Letras, 2005.

# A AUTORA

Andréa Borges Leão é professora e pesquisadora do Programa de Pós-Graduação em Educação Brasileira da Universidade Federal do Ceará.

Doutorou-se em Sociologia pela Universidade de São Paulo, com a tese *Brasil em Imaginação: livros, leituras e impressos infantis (1890-1915)*.

Realizou estágio pós-doutoral no *Centre de Recherches sur le Brésil Contemporain da École des Hautes Études en Sciences Sociales*, Paris, sobre a formação das coleções literárias infantis da Livraria Garnier.

Atualmente desenvolve pesquisa sobre o Brasil na literatura juvenil francesa e sobre os livros franceses no Brasil, além de coordenar um grupo de pesquisa sobre os caminhos dos livros infantis e juvenis no Ceará. Concentra suas publicações em periódicos na área da história cultural do livro e da leitura, com ênfase na edição, no comércio e na leitura dos livros literários e dos manuais de civilidade e higiene destinados às crianças e aos jovens.

Qualquer livro do nosso catálogo não encontrado nas livrarias pode ser pedido por carta, fax, telefone ou pela Internet.

Rua Aimorés, 981, 8º andar – Funcionários
Belo Horizonte-MG – CEP 30140-071

Tel: (31) 3222 6819
Fax: (31) 3224 6087
Televendas (gratuito): 0800 2831322

vendas@autenticaeditora.com.br
www.autenticaeditora.com.br

---

Este livro foi composto com tipografia Garamond light, e impresso em papel Off set 75g. na Formato Artes Gráficas.

---